Freut euch des Lebens

Freut euch des Lebens

Aufmunternde Geschichten
ausgewählt von
Brigitte Sinhuber

Langen Müller

Satz: Filmsatz Schröter GmbH, München
Gesetzt aus 11/13 Punkt New Caledonia
Druck: Jos. C. Huber KG, Dießen
Binden: Thomas Buchbinderei, Augsburg
Printed in Germany
http://www.herbig.net
ISBN 3-7844-2873-8

Inhalt

Barbara Noack

Die Hochzeitsreise

Jeden Morgen, wenn ich darauf warte, daß der Toast nach Toast zu riechen beginnt und das Wasser für den Tee kocht, schaue ich aus dem Küchenfenster auf die Endvierziger in leuchtendbunten Trimmdichanzügen, die am Haus vorüberjoggen. Sie stoßen keuchend Dampf in die Morgenluft wie eine alte Lok aus meiner Kinderzeit; ihre Füße platschen bleiern über das Pflaster, sie können schon nicht mehr, aber sie geben nicht auf. Und wenn sie tot umfallen, sind sie wenigstens gesund gestorben.

Mein Vater, mit Ende Vierzig, hielt nicht auf Figur, sondern auf Würde. Jede Art von unnatürlicher Beschleunigung war ihm verhaßt. Er trug Bauch, das stand ihm zu, und einen Gehpelz – das Wort besagt es schon –, dazu Melone, Spazierstock und graue Gamaschen über den Schuhen. Wofür, habe ich nie begriffen, denn oben auf dem Fuß friert man am wenigsten. Mir jedenfalls wurden immer zuerst die Zehen klamm, und bis zu denen reichten die Gamaschen nicht. Vor allem habe ich nie begriffen, wie eine um zwanzig Jahre jüngere, hübsche Frau wie meine Mutter sich in so einen würdigen Herrn verlieben konnte.

Aber sie sah in einem Mann wohl etwas anderes als ich, darum ist ihre Ehe auch so gut gegangen.
Sie heirateten in Berlin, kurz nach Beendigung der Inflation. Auf die Hochzeitsreise wurde sie allein geschickt; mein Vater wollte nachkommen, sobald er ein geeignetes Zuhause für sie gefunden hatte – ein schwieriges Unternehmen in Anbetracht der großen Wohnungsnot. Bisher hatten beide möbliert gelebt, meine Mutter bei einer Gesangslehrerin im Hinterstübchen, mein Vater bedeutend komfortabler bei einer Dame, die sich Hoffnungen auf ihn gemacht hatte und nun Gift und Galle spuckte wegen meiner Mutter, dem jungen Ding.
Ziel der einteiligen Hochzeitsreise war das Rittergut Mayden bei Ludwigslust. »Gediegenes Herrenhaus. Ende 17. Jahrhundert. Schöne Pappelallee. Guck mal nach, Charlotte, ob das Taubenhaus noch steht.« Mein Vater hatte auf Mayden glückliche Ferien verbracht bei seinem Onkel Wilhelm, inzwischen zweiundneunzig, aber noch immer gut beisammen, zumindest seine Schrift in dem Brief zu ihrer Hochzeit, wie gestochen.

Onkel Wilhelm hatte versprochen, meine Mutter persönlich am Bahnhof in Empfang zu nehmen. Damit sie ihn auch gleich erkennen konnte, zeigte ihr mein Vater eine kartonierte Fotografie, aufgenommen anläßlich einer Familienfeier im Jahre zwölf.

Vorn sitzen die Tanten, unmenschlich ernst vor lauter Würde und Rechtschaffenheit und wohl auch wegen der angereisten Fotografen, nicht nur wegen der Zahnlücken. Auch Kinder lachten nicht, sondern guckten wie hypnotisierte Kaninchen in die Kamera. Hinter den Tanten standen stocksteif die männlichen Anverwandten. Zwischen all den hellen Dickschädeln mein damals noch zierlicher, schwarzlockiger, schnauzbärtiger Vater. Onkel Wilhelm mit seinen Einsneunzig überragte sie alle. Sein rundes Gesicht unter dem viel zu kleinen Hut sah aus wie das Zifferblatt einer Kirchturmuhr.

»Du wirst ihn mögen, Lotte«, sagte mein Vater zu meiner Mutter. »Kavalier der alten Schule. Unverheiratet. Ist ihm gelungen, sich erfolgreich gegen das Verkuppeltwerden mit überzähligen Gutstöchtern aus der Nachbarschaft zu wehren. Überhaupt ein Einzelgänger. Hat sich nie in die Karten schauen lassen, auch nicht von der Familie. Von der schon gar nicht. Und bitte, sag nichts gegen Bismarck, Lotte. Onkel Wilhelm war ein großer Verehrer von ihm. Hat ihm zu Lebzeiten immer Kiebitzeier zum Geburtstag geschickt.«

»Warum?« fragte ich später meine Mutter, von der ich die Geschichte ihrer seltsamen Hochzeitsreise erfahren habe. »Warum Kiebitzeier?«

Das wußte sie auch nicht genau. »Vielleicht, weil sie ihm besser schmeckten als Hühnereier.«

Sie sah Onkel Wilhelm sofort auf dem Perron stehen, als der Zug in Ludwigslust einfuhr. Er ragte noch immer über seine Mitmenschen hinaus, nur sein dicker Bauch war fort, als ob man die Luft aus ihm gelassen hätte, und sein Gesicht war noch enger um den zahnlosen Mund zusammengeschnurrt.
Er empfing sie mit formvollendetem Handkuß, anerkennend nuschelnd: »Dunnerlitjen, der Franz hat einen guten Geschmack!«, und überreichte ihr eine entblätterte Rose.
Zur Feier ihrer Ankunft hatte er seinen Bratenrock angelegt, der von oben bis unten bekleckert war und an den Kanten abgestoßen, genau wie sein schmuddeliger Umlegekragen.
Meine Mutter hatte sich während der Reise die Kutschfahrt nach Mayden vorgestellt: rechts und links abgeerntete Felder und Wiesen unter schleierhaft weißen Herbstnebeln. Am Ende der entlaubten Pappelallee das Herrenhaus. Dicke Mamsell mit weißer, gestärkter Schürze zur Begrüßung. Kaminfeuer. Und eine schöne heiße Tasse Bouillon.
Es wartete aber keine Kutsche vorm Bahnhof. Der mürrische Hausbursche eines Gasthauses nahm ihren Koffer auf die Schulter.
Onkel Wilhelm reichte meiner Mutter den Arm. So schritten sie gravitätisch über das Kopfsteinpflaster einem Gasthaus zu, in dem er ein Zimmer für sie reserviert hatte.

Onkel Wilhelm begleitete sie bis vor die Tür. »Sobald du dich frisch gemacht hast, liebe Charlotte, erwarte ich dich auf Nummer neun. Ich habe dort einen Imbiß für dich vorbereitet.« Meine Mutter machte sich frisch und begriff nicht: Warum hier? Warum fuhren sie nicht nach Mayden? Das Zimmer Nummer neun ging zum Hof, es war eng wie ein Karzer, weil mit viel zu wuchtigen Eichenschränken vollgestellt. Das Schlimmste war der Mief. Es war der Mief eines uralten Mannes, der nichts von Waschen und Frischluft hält. Nur der Wunsch, guten Eindruck vor Franz' Lieblingsonkel zu machen, hielt meine Mutter davon ab, ohnmächtig hinzusacken. Onkel Wilhelm führte sie zu seinem einzigen Backensessel: Nimm Platz, liebe Charlotte.

Aus dem Wärmerohr des Ofens holte er eine Biedermeierkanne und stellte eine Blechschachtel mit versteinerten Lebkuchen auf den Tisch. Die hatte ihm eine Verwandte einmal zu Weihnachten geschickt. In welchem Jahr das gewesen war, fiel ihm nicht mehr ein, aber wenn man sie lange genug eintunkte, waren sie noch recht schmackhaft, meinte Onkel Wilhelm.

Während sie Kakao tranken und Lebkuchen einstippten, stolzierten seine Komplimente steifbeinig über den Tisch zu meiner Mutter. Er pries ihren sanften Liebreiz, fand sie jedoch zu mager: Komm, trink noch eine Tasse, Charlotte, damit du was auf die Rippen kriegst.

Meine Mutter hatte zwar vorgehabt, sich auf dem Lande ein bißchen herauszufuttern, sie hatte dabei nur nicht an klütrigen, im Rohr gewärmten Kakao gedacht.
Irgendwann – im Laufe der schleppenden Unterhaltung – grinste Onkel Wilhelm zahnlos verschmitzt: »Ich habe eine Überraschung für dich, Charlotte, aber erzähl nur ja nichts den Verwandten, vor allem nicht deiner neidischen Schwägerin Ida, sonst kommen sie angereist und wollen mich anpumpen.« Er senkte die Stimme, als ob die Verwandten bereits, in Zimmerschränken versteckt, nach seinem Vermögen geierten, und gab endlich sein großes Geheimnis preis: »Ich bin ein reicher Mann, ich könnte ganz Mecklenburg aufkaufen.«
»Oh, das freut mich für dich«, sagte sie herzlich, »aber wann fahren wir nun endlich nach Mayden?«
»Ich habe es verkauft.« Onkel Wilhelm nahm Haltung an: »Vor dir, Charlotte, sitzt ein vielfacher Billionär.«
Meine Mutter, mit der – laut Dostojewskij – »Kurzsichtigkeit einer schönen Seele« ausgerüstet, begriff noch immer nicht, bis Onkel Wilhelm sein schreckliches Unterbett anhob und ihr einen Blick auf viele, viele platt gelegene Bündel mit Inflationsgeld gewährte. Jetzt dämmerte es auch ihr.
»Wann hast du verkauft, Onkel Wilhelm?«
»Vor zwei Monaten. Den Bankern kann man ja nicht

trauen, das sind alles Filous. In meinem Bett vermutet niemand das Geld, und du darfst es auch keinem sagen, Charlotte.«
»An wen hast du verkauft?« fragte sie, und er: »Schnakeberg heißt der Mensch, aus Hannover. Keine Kiste, aber liquide. Zahlte aus dem Koffer. Seinen Notar – sehr seriös – ehemaliger Herrenreiter – hatte er gleich mitgebracht. Sie haben den ganzen ollen Klumpatsch« – er meinte die hundertfünfzigjährige Einrichtung des Hauses – »mit übernommen. In Bausch und Bogen. Nur paar Möbel aus dem Comptoir habe ich behalten«, er wies auf die eichernen Riesen, die das Zimmer verdüsterten und mit ihren Ausmaßen die Platzangst in demselben förderten. »Na, Charlotte, da staunst du, was?«
Ja, da staunte Charlotte. Mit einem blassen Gefühl in den Knien fragte sie, ob sie heruntergehen und Franz telegrafieren dürfe, daß sie gut angekommen sei.
»Ja, tu das, mein Kind«, sagte Onkel Wilhelm gemütlich und zündete sich eine von den Brasilzigarren an, die sie ihm aus Berlin mitgebracht hatte.
In der Gaststube erwartete sie bereits der Wirt mit einem Bündel unbezahlter Rechnungen.
»Ist man höchste Zeit, gnä Frau, daß mal einer nach dem ollen Herrn guckt. Ich wollte schon schreiben, aber wußte ja nicht wohin, und sagen tut er ja nischt. Zwei Monate is er all hier – wenn ich geahnt hätte,

was ich mir mit dem aufladen tu. Meine Schwester Mine ist schuld, die war mal Mamsell auf Mayden. Sie hat gesagt, ich muß ihn aufnehmen. Das wäre Menschenpflicht. Aber was hat Mine davon? Er ist kiebig zu ihr und läßt sie nicht in sein Zimmer zum Saubermachen. Der Gestank, gnä Frau, und nachtens rumort er – meine andern Gäste können nicht schlafen.«

»Zahlt er nicht seine Miete?« unterbrach ihn meine Mutter, auf die vielen Rechnungen weisend, die in der Wirtshand vor ihrer Nase wedelten wie ein Fächer vor einer, die ohnmächtig werden will.

»Zahlen tut er. Pünktlich auf die Minute, aber man bloß mit Inflationslappen, die nicht das Schwarze unterm Nagel wert sind. Daß wir inzwischen Rentenmark haben, geht nich mehr in seinen alten Kopp. Wenn die gnä Frau vielleicht Richtigkeit machen wollen?«

»Ich möchte ein Telegramm aufgeben«, sagte meine Mutter, »mein Mann muß sofort kommen.«

Mein Vater machte den Fehler, seine Schwester Ida zu benachrichtigen, die wiederum alarmierte die übrigen noch lebenden Verwandten. Sie reisten alle am nächsten Tag an und wollten nicht begreifen, daß der ganze schöne Besitz dahin war, unwiderruflich dahin, für wertlose Papierfetzen an einen cleveren Spekulanten.

Sie jammerten und rangen die Hände und schimpften auf Wilhelm im Backenstuhl nieder. Ein Referendar aus Wolfenbüttel sagte: »Oh, hätten wir Onkel doch rechtzeitig entmündigen lassen!«
Mißtrauisch-verstört, wie verhagelt, hockte er da, langsam begreifend, daß mit seinem Billionengeschäft etwas faul sein mußte. Das volle Ausmaß seiner Wahnsinnstat erreichte sein Bewußtsein nicht, und das war gut so. In seinem zweiundneunzigjährigen, mit Hypotheken und Mißernten belasteten Landwirtsleben hatte er sich zum ersten Mal zwei Monate lang als sorgenfreier Mann gefühlt. Bedürfnisse hatte er keine mehr, es genügte ihm, einmal pro Nacht sein Unterbett zu lupfen, die Billionen zu kontrollieren und sich an seinem immensen Reichtum zu freuen.
»Aber die Elbwiesen müssen doch noch da sein«, fiel Tante Ida ein. »Die gehörten ja nicht zum Gut.«
»Die Elbwiesen«, überlegte Onkel Wilhelm, »ja, die sind wohl in der Summe mit drin.«
Idas Mann, der Professor, erlitt einen Herzanfall, den nur meine naive Mutter ernst nahm.
Das Erbe war futsch. Nur der Erbonkel war noch da. Wohin mit Onkel Wilhelm? Wo fand man so schnell für ihn einen Platz im Altersheim? Und wo sollte er inzwischen aufbewahrt werden? Der Gastwirt lehnte ab, die Verwandten lehnten ab. Niemand wollte den alten Mann.

Einzig mein Vater erinnerte sich noch an seine Jugend voller Freiheit und Abenteuer auf Mayden.

Meine Eltern holten ihre Hochzeitsnacht in knarrenden, durchgelegenen Gasthofbetten nach. Eine Hochzeitsnacht zu dritt, denn Erbonkel Wilhelm lag die ganze Zeit dabei auf ihrem Gewissen herum.
»Liebe Charlotte«, sagte mein Vater endlich im Dunkeln. »Wo es mir doch gelungen ist, eine Bleibe für uns im Grunewald zu finden – es wäre ja auch nur vorübergehend … aber wenn du nicht willst …«
Meine Mutter kam ihm zu Hilfe. »Ja, Franz, wir nehmen ihn mit.«
Immer die Anständigen sind die Dummen.
Mein Vater zahlte Onkel Wilhelms Schulden und die Renovierung seines Gasthofzimmers. Meine Mutter packte indessen Onkels Habseligkeiten, die noch zum Mitnehmen lohnten, in seine schäbige Reisetruhe. Dazu gehörten sein Jagdanzug, genauso bekleckert wie der Bratenrock, zwei Paar zerknitterte Zugstiefel, Familienbilder, sieben bleischwere Bücher über Otto von Bismarck, eine KPM-Fischschüssel, groß genug für einen mittleren Hai, zwei Zinnkrüge, die Biedermeier-Kakaokanne, sein Säbel mit Portepee und natürlich die Billionen. Von denen wollte er sich partout nicht trennen. Wer weiß, vielleicht würden sie eines Tages wieder aufgewertet.
Auf der Fahrt nach Berlin, als der Zug in Neuruppin

hielt, betrachtete meine Mutter beklommen das Mitbringsel von ihrer idyllischen Hochzeitsreise: Onkel Wilhelm. Er schnarchte hinter der braunen Fenstergardine, die er über seinen Schlaf gezogen hatte.
»Was machen wir mit ihm, wenn die Geheimrätin, bei der du gemietet hast, kündigt, weil sie den Onkel in ihrer Wohnung nicht haben will?« fragte sie meinen Vater.
Er wußte es auch nicht.

Die Wohnungsnot damals war katastrophal. Eigene, abgeschlossene vier Wände konnten sich nur Kapitalisten leisten. Mein Vater war kein Kapitalist. Er konnte sich schon gar nicht einen Erbonkel leisten. Ihm blieb nur die Untermiete in ehemaligen Herrschaftswohnungen übrig, deren Besitzer patriotischen Sinnes ihr Vermögen in Kriegsanleihen angelegt, ihr »Gold für Eisen« gegeben und den Rest in der Inflation verloren hatten. Nun ließen sie ihre Untermieter täglich dafür leiden, daß sie untervermieten mußten.
Die Räume, die mein Vater bei der Geheimratswitwe im Grunewald gefunden hatte, bestanden aus einem Speisezimmer 6×10 Meter im Ritterstil der Makartzeit, ein knarrender Alptraum für 24 Gäste, wenn man die Tafel auszog. Der Spiegelaufsatz des Buffets wurde rechts und links von kastellartigen Gläserschränken mit vorspringenden Altanen für Nippes

gestützt. Neuschwanstein war schlicht dagegen. Jedesmal, wenn die Straßenbahn 76, vom Roseneck kommend, Richtung Wittenbergplatz und retour am Haus vorüberfuhr, entstand eine Erschütterung, die ausreichte, um das ebenso trutzige wie blödsinnige Buffet in klirrende Hysterie zu versetzen. Das Parkett ächzte bei jedem Schritt, die Stühle knarrten. Hinter der mit einem Bucharateppich verhängten Schiebetür zum angrenzenden Herrenzimmer hörte man die Geheimrätin rumoren. Unterhaltungen fanden deshalb im Flüsterton statt. In dieser anheimelnden Umgebung – auf Notbetten hinter einem chinesischen Lackparavent, der das Schlafabteil vom Rittertum trennte – begann der Honigmond meiner Eltern.

Onkel Wilhelm wurde im zweiten gemieteten Zimmer untergebracht, einem Biedermeiersalon. Die Geheimratswitwe hatte wider alle Befürchtungen den Onkel in ihrer Wohnung akzeptiert, weil er ein Herr von Stand war, ein Rittergutsbesitzer a. D., den sie zum Tee bitten und ihm dabei von den Glanzpunkten ihres Lebens erzählen konnte. Sogar bei Hofe hatte sie verkehrt.

Meist schlief Onkel Wilhelm, pfeifend und sägend, über ihren langatmigen Erinnerungen ein, aber das kränkte die Geheimrätin nicht. Wenn er nur dasaß – inzwischen leidlich sauber, mit geputzten Stiefeln. In ihrer beider Alter führte man sowieso keine gehaltvollen Gespräche mehr, sondern hielt Monologe über die eigene Vergangenheit. Zwischendurch tranken sie Tee, mümmelten eingeweichten Zwieback und hatten beide persönlich den Eisernen Kanzler gekannt.

Wenn ich mir dieser Flitterwochen in einem Ritterzimmer mit einem so viel älteren Mann, Tür an Tür mit einer achtundachtzigjährigen Geheimrätin und einem zweiundneunzigjährigen Erbonkel, vorstelle … spätestens nach drei Tagen wäre ich davongelaufen. Nicht so meine Mutter. In ihr war kein Aufruhr. Sie hatte meinen Vater geheiratet, weil sie ihn von Herzen liebte, und nahm die Umständlichkeiten, die er ihr präsentierte, sanften Gemütes hin. Sie wollte ihre gutbürgerliche Ehe, und dafür war sie duldsam bis zur Selbstaufgabe.

Dann wurde sie schwanger in diesem Altersheim. Und dachte immer zielstrebiger an das Biedermeierzimmer mit der lila gestreiften Tapete und den weißen Scheitelgardinen, das Onkel Wilhelm ramponierte.

Zum ersten Mal erwachte Egoismus in ihr für das werdende Kind. Ihr Kind durfte nicht in dieser Umgebung sein Dasein beginnen. Das Kind würde sich dort einen lebenslänglichen Ritterschaden holen.

»Entweder Onkel Wilhelm zieht aus, oder wir müssen uns was anderes suchen, Franz«, sagte sie zu

meinem Vater und erlebte zum ersten Mal seine Begabung, sich vor Entscheidungen zu drücken: Er versprach »Jaja« und begab sich auf Geschäftsreise. Im Verlaufe ihrer achtzehnjährigen Ehe würde er nie dasein, wenn dringend gebraucht. Meine Mutter mußte alle Entscheidungen allein treffen. Aber das hatte auch einen Vorteil: Sie bildete sich dadurch frühzeitig zur selbständigen Witwe.
Mein Vater ging also auf Reisen, meine Mutter ging auf Wohnungssuche. Ihr Kind sollte es sonnig und freundlich haben. Ich habe es sonnig und freundlich gekriegt. Dafür sorgte Onkel Wilhelm.
Eines Morgens, an einem 1. April, als sie auf den Markt gegangen war, legte er seinen Jagdanzug an und bat die Geheimrätin um ein Kursbuch der Eisenbahn. Nach langem Suchen fand sie eins aus dem Jahre 1912, aber das störte unseren Onkel nicht. Preußische Abfahrts- und Ankunftszeiten änderten sich seiner Meinung nach nicht, auch wenn inzwischen ein Weltkrieg stattgefunden hatte. Selbigen hatte Onkel längst aus seinem Gedächtnis verdrängt. Er wollte nach Friedrichsruh fahren, um seinem Kanzler eigenhändig zum Geburtstag zu gratulieren, wühlte im Kursbuch herum, notierte sich einen Zug, verabschiedete sich formvollendet von der Geheimrätin mit der Versicherung, übermorgen zur gemeinsamen Teestunde wieder zurückzusein. Ehe die alte Dame, in ihre Korrespondenz vertieft, sein absurdes

Vorhaben begriffen hatte, war es bereits zu spät, ihm nachzueilen und ihn einzufangen.
Onkel Wilhelm trottete zielbewußt auf sein Lebensende zu. Nach Aussagen des Chauffeurs, dessen Taxi er am Roseneck bestieg, wollte er zum Bahnhof gefahren werden.
»Zu welchem, Opa, wir haben 'ne janze Menge in Berlin.«
Onkel Wilhelm soll darauf ratlos geblickt haben. In Ludwigslust, wo er die meiste Zeit seines Lebens in Züge gestiegen war, hatte es ja bloß einen gegeben.
Der Taxifahrer zählte ihm geduldig einige zur Auswahl vor: »Anhalter, Lehrter, Stettiner, Schlesischer – und wie wär's mit dem Bahnhof Zoo?«
»Fahren Sie zum Zoo«, entschied Onkel Wilhelm, »aber'n bißchen Trab! Der Kanzler wartet.«
Nun wundert sich ein Berliner Taxichaffeur schon seit der Zeit, als er noch Pferdedroschke fuhr, so ziemlich über gar nichts mehr. Hauptsache, der Kunde verunreinigt die Polster nicht und zahlt.
Onkel Wilhelm wollte am Bahnhof Zoo mit Inflationsgeld zahlen, von dem er ein dickes Bündel aus seiner Manteltasche zog, aber der Chauffeur war damit nicht einverstanden.
»Opa, wenn Se mir verscheißern wollen, uff die Tour nich.« Und hielt ihn sicherheitshalber am Ärmel fest, als er verstört enteilen wollte.
Onkel ließ den Mantel sausen, es war ihm ja jedes

Kleidungsstück fast drei Nummern zu weit. Der Chauffeur hielt den Ärmel in der Hand und konnte es nicht verhindern, daß Onkel Wilhelm geradewegs in den Stadtverkehr hineinflüchtete.
Ein Lieferwagen konnte leider nicht mehr bremsen.
Am nächsten Tag stand es in der BZ und im 12-Uhr-Blatt.
Der Taxifahrer drückte meiner Mutter sein Bedauern aus: »Ick hab ja schon beim Einsteigen jemerkt, daß der olle Krauter 'n bißchen plemplem is. Aber wer ahnt denn so wat!«
Onkel Wilhelm starb zwei Tage später im Krankenhaus, bis zuletzt bei vollem Bewußtsein und in großer Sorge, der Kanzler könnte ihm übelnehmen, daß er, wenn er schon keine Kiebitzeier schickte, nicht persönlich zu seinem Geburtstag in Friedrichsruh angetreten war.
Meine Mutter, an seinem Krankenbett geduldig ausharrend, beruhigte ihn: »Bismarck ist dir bestimmt nicht böse. Der Kanzler ist doch lange tot.«
»So«, wunderte sich Onkel Wilhelm. »Ist er also gestorben. Wann war denn das?«
»Am 30. Juli 1898, abends zehn Uhr.« Was ihr einmal in der Schule eingedrillt worden war, das saß in ihrem Gedächtnis auf Abruf parat.
Onkel Wilhelm erschütterte diese Mitteilung sehr. Er drehte sich zur Wand. »Ich bin müde, Charlotte. Geh nach Haus.« Und als sie sich entfernte, nuschelte er

hinter ihr her: »Aber bring es der Geheimrätin schonend bei.«
Die Geheimrätin erschütterte Bismarcks Tod im Jahre 1898 weit weniger als das Ableben Onkel Wilhelms.
Schließlich hatte er ihre lang verwelkte Weiblichkeit zu einer Spätblüte angeregt.
Ihr lieber teurer Freund, der Rittergutsbesitzer a. D., war viel zu früh (dreiundneunzigjährig) von ihr gegangen und mit ihm der letzte Handkuß eines Kavaliers der alten Schule. Nun war sie auch lebensabendmüde und voller Sehnsucht nach einem stillen Damenstift.
Sie bot meinen Eltern an, ihre Fünfeinhalbzimmerwohnung zu übernehmen, sofern sie bereit waren, die Einrichtung derselben käuflich zu erwerben.
Was blieb meinem Vater anderes übrig, als einen Kredit aufzunehmen, um all die bombastischen Alpträume aus Kirschholz, Eiche und Mahagoni zu kaufen, die im Jahre 1879 für die Aussteuer der Geheimrätin von Hand angefertigt worden waren. Dazu der von ihren Großeltern ererbte Biedermeiersalon.
Nun war mein Vater zwar verschuldet, aber Hauptmieter einer geräumigen Wohnung im Grunewald, in der sich seine Lotte in Ruhe, mit zwei Stiefmütterchenbalkonen, auf ihre wichtigste Lebensaufgabe vorbereiten konnte: Mutter zu werden.

Herbert Rosendorfer

Winterliches Choas

Meine Großeltern hatten eine treue Kundschaft in Sankt Johann – zehn Kilometer von Kitzbühel entfernt –, den »Dampflwirt«, der sein ganzes Haus aus dem Geschäft meiner Großeltern einrichtete, soweit Kriegszeiten eine Einrichtung zuließen.

Weil nun eine Hand die andere wäscht, wurde eines Tages beschlossen, am Sonntag zu Mittag beim »Dampflwirt« ein großes Essen einzunehmen – ebenfalls, soweit es die Kriegszeiten zuließen. (Mit gutem Willen ließen sie erstaunlich viel zu in jenem geschützten Winkel des »Gaues Tirol-Vorarlberg«, erinnere ich mich deutlich, sowohl beim Einrichten als auch beim Essen, wie gesagt … eine Hand wäscht die andere.)

Es war tiefer Winter, aber ein klarer Tag. Man fuhr ganz selbstverständlich mit dem Schlitten nach St. Johann. Es gab zwar die Eisenbahn, aber die war nicht oder kaum beheizt und unbequem. Außerdem erschienen so kurze Strecken meinen Großeltern für eine Eisenbahnfahrt unangemessen. Automobile gab es in ganz Kitzbühel kein halbes Dutzend: jeder der

drei Ärzte hatte eins und vielleicht der Kreis-Ober-Nationalsozialist, von Taxi keine Rede.
Es wurde also für elf Uhr ein zweispänniger Schlitten vom Fuhrunternehmer Mariacher vors Haus bestellt.
Nach dem Frühstück und der Messe ergriff alle Beteiligten die Erregung. Meine Großmutter erkundigte sich am Telephon, auch das wird einst märchenhaft sein: man drehte seitlich am Apparat an einer kleinen Kurbel; dann meldete sich das Fräulein vom Amt, meine Großmutter verlangte »Mariacher« – Telephonnummern gab es wohl, aber niemand belastete sein Gedächtnis damit – das Telephonfräulein sagte: »Ja, Frau Rosendorfer«, sie kannte alle an der Stimme, und nach einiger Zeit meldete sich dann jemand auf der anderen Seite: »Ja?«, und meine Großmutter erkundigte sich, ob der Schlitten auch gewiß käme … ja, gewiß … pünktlich? … pünktlich … und so weiter.
Ich wurde in unzählige Pullover und Jacken gesteckt, in Mäntel und Übermäntel, bis ich so dick war, daß mein Onkel befürchtete, ich werde aus dem Schlitten rollen. Meine Großmutter zog alle drei Pelzmäntel dreimal an – einmal den schwarzen, einmal den braunen und einmal den grauen obenauf, je nach ihrem, oft minutenweise wechselnden Geschmack –, mein Großvater bürstete und kämmte sich sorgfältig, dem Dienstmädchen, einem ältlichen Fräulein mit Na-

men Elsa, wurden substantiierte Anweisungen über das Verhalten während der Abwesenheit gegeben (verschiedene von jedem), es ging gegen halb elf. Um halb elf war man theoretisch fertig, um elf nicht mehr. Die überflüssige halbe Stunde hatte zu erneuten Dispositionen verleitet, die dann wieder mehr als eine halbe Stunde in Anspruch nahmen. Es wurde doch noch einmal nachgeheizt, meine Großmutter zog doch den schwarzen Pelzmantel *über* den anderen an, ich mußte doch noch den Bleisoldaten ohne Kopf im Keller suchen, und so fort. Mein Großvater tobte: das sei doch ein Durcheinander, das reinste Choas. Ich weiß nicht, ob er aus Jux oder aus fremdwörtlicher Unkenntnis die Laute dieses seines Lieblingswortes verdrehte.

Gegen elf läutete es – »der Schlitten« – ich eilte zum Fenster. Auf dem breiten Trottoir vor dem Geschäft stand er. Mit gesenkten Köpfen, dampfenden Nüstern und stampfend standen die beiden Pferde und rieben die Hälse aneinander. Der Kutscher mit der Peitsche schaute herauf und schrie – was jeder sah –, daß er jetzt da wäre.

»Einen Moment noch.«

Der Kutscher wandte sich den Pferden zu, zupfte ihre Decken gerade, beschäftigte sich mit dem Schlitten. Heroben wurde abgesperrt, wieder aufgesperrt, weil drinnen der Schlüssel für die äußerste Tür liegengeblieben war … doch nicht liegengeblieben, er steckte, wieder zugesperrt. Meine Großmutter überlegte, ob sie nicht doch den grauen Pelzmantel... Das reinste Choas also. Geduldig stampften die Pferde in der klaren, ruhigen Kälte draußen, und der Kutscher rieb sich mit seinen grobwollenen Handschuhen das Gesicht.

Endlich war es soweit. Der Kutscher öffnete die spielerisch kleine, bauchige Tür am Schlitten, ließ die beiden kleinen Trittbretter herunter, mit vereinten Kräften wurde meine Großmutter in den Wagen geschoben. Mein Großvater – er hatte seinen dicksten Überzieher an, mit Bisamfellen durchaus gefüttert, so schwer, daß ich den Mantel nicht aufzuheben vermochte – setzte sich neben sie, beide in Fahrtrichtung. Wer sonst noch mitfuhr, weiß ich nicht mehr, mein Onkel und meine Tante vielleicht, vielleicht ein anderer Onkel, der gerade auf Urlaub aus dem Feld war. Es war jedenfalls eine ganze Gesellschaft, eine richtige Schlittenpartie.

Als alle saßen, wurden die Knie in grobe, große, gelbschwarz-karierte, rotgeränderte Decken gewickelt, eine andere Decke darüber gelegt und dann eine dritte. Pinzi (das war ich) sollte eigentlich zwischen den Großeltern in wohliger Wärme wie in einem Nest sitzen. Ich tobte aber und schrie: ich wolle auf den Bock. »Gut, du gehst auf den Bock, aber nicht zu lang!« Meine Großmutter gab wieder Anweisungen, wie ich an dieser ausgesetzten Stelle richtig vor der

Kälte geschützt werden mußte: eine Decke um den Körper gewickelt, unter den Achseln, eine über die Knie, eine über das ganze drüber.
Nach längerem Hin und Her, ob nichts vergessen wäre, wurde der Befehl zum Aufbruch gegeben.
Der Kutscher schnalzte mit der Peitsche, die Pferde zogen das Kreuz durch, scharrten mit den Hinterfüßen kräftig ein paar Mal im bretthарten Schnee der Straße und zogen dann mit einem Ruck, der alles durcheinanderschüttelte, den Schlitten vom Fleck. Einmal angezogen, glitten die Kufen – vorne hochaufgebogen wie das Geweih eines exotischen Widders – auf der verschneiten Straße dahin. Auf dem Trottoir vor dem Haus hatte eines der Pferde sein Siegel zurückgelassen: hellgoldgelben, dampfenden Haferextrakt, der kraft seiner Wärme leicht in den Schnee eingesunken war.
Es war kalt, aber kein Hauch bewegte die schwer mit Schnee beladenen, in der Wintersonne tausendfach blitzenden und glitzernden Fichten am Rand der damals noch fast unbebauten Straße von Kitzbühel nach Sankt Johann. Lautlos lag die Welt, das wahrhaft majestätische Massiv des Wilden Kaisers – wie das Totenmonument eines urweltlichen Herrschers – lag, deutlich sichtbar mit jeder Schrunde und Spitze, tieftaubenblau über dem verschneiten Land in der kristallklaren Luft des eisigen Wintermorgens … das sanft gebogene Kitzbüheler Horn, bis

zum Gipfel mit Schnee bedeckt, goldglänzend die Sonnenseiten, feenblau die Schatten, darüber der hellblaue, fast zerbrechlich weiße, makellose Himmel. Wie tief die Welt verschneit war, konnte man an den sommers mannshohen Zaunpfosten entlang der Straße sehen, die jetzt nicht mehr als handbreit – schwarzbraun, mit einem hohen Gupf Schnee bedeckt – aus dem weithin unberührten, jungfräulichen, jede Unebenheit des Bodens nivellierenden Schnee ragten … das einzige Geräusch – es ist wirklich wie ein Märchen – waren die Schellen an den Halftern der Pferde, die im Takt der trabenden Schritte in einem ausdauernden, fröhlichen, nicht zu langsamen, aber dennoch geruhsamen Andante die Begleitung zur Fröhlichkeit der Schlittenpartie klingelten.

Im steten Trab, bald eine sanfte Kurve nach links, bald nach rechts, ging es voran. Die Ache wurde überquert: ein Eisbach, dessen Anblick schon ängstigt, wenn man sieht, wie sein grünes Wasser über dick gefrorene Steine und zwischen den ebenfalls dick mit poliertem Eis überkrusteten, wie gepanzerten Ufern dahinschoß. Die sichere Brücke mit dem tiefverschneiten Geländer führte uns darüber.

Auf einer ungefährlichen, geraden Strecke erlaubte mir der Kutscher, die Zügel zu führen. Jauchzend, rotwangig vor Aufregung und Kälte, faßte ich die Zügel, schnalzte mit der Zunge, und während ich glaubte, wir flögen dahin im Flaum der verschneiten Welt, gefror mir der Rotz zwischen Nase und Mund, eine winterliche Herrlichkeit.

Wir näherten uns Oberndorf, einem kleinen Weiler auf der Hälfte des Weges. Die Bauern standen nach der Elf-Uhr-Messe in kleinen Gruppen vor der Kirche und redeten oder schickten sich an, zum »Kramerwirt« hineinzugehen. Selbstverständlich übernahm hier der Kutscher wieder die Zügel, vielleicht durfte ich sie danach kurz einmal halten, dann war man bald in Sankt Johann.

Knirschend im harten, niedergetretenen Schnee der Straße vorm »Dampflwirt« hielt der Schlitten, die Schellen verklangen in einer Fermate, die in der Begrüßung des Wirtes unterging. Wir waren natürlich längst gemeldet, der Tisch war reserviert in der Extrastube, eine Magd legte eben noch einen Armvoll Buchenscheiter in den hohen, weißen, kuppelförmigen, mit grünen Warzen verzierten Ofen, der Duft des Harzes der im Feuer krachenden Scheiter durchzog fein und wohlig die alte Holztäfelung des Raumes … während sich schon der Duft der Leberknödelsuppe hereinschlängelte.

Stühle wurden gerückt, der Wirt rieb sich die Hände, unzählige Mäntel wurden abgelegt, der Kutscher spannte draußen die Pferde aus. Sie kamen in den Stall zu den Sankt Johanner Kollegen, er in die Küche, wo er wohl den Mägden in die Schenkel

zwickte und darüber hinaus vereinbarungsgemäß verköstigt wurde.
Auf das Andante folgte nun das metallische Adagio der Messer und Gabeln über den Schnitzeln und Koteletten, über dem wacholderduftenden Kraut, über den knusprigen Kartoffeln, über den faustgroßen Knödeln, mit brauner Butter übergossen, aus denen die roten Speckbröcklein lugten, über der Leber in Rahmsauce für meine Großmutter – ihr Leibgericht – und über die gedünstete Zunge und den aufgeplatzten, leicht angerösteten Bratwürsten für meinen Großvater, hie und da unterbrochen durch das Klingen der kleinen, bauchigen Weingläser, aus denen die Herren der Partie Roten, die Damen und dazu ich Glühwein tranken: Rotwein, mit Nelken, etwas Zucker und Zitronenschalen versetzt, siedend in einem Kupferkessel an den Tisch gebracht und hier angezündet, daß eine kaum sichtbare bläuliche Flamme hoch aufzüngelte, der dann mit Messingkellen in die Gläser geschöpft wurde.
Nicht nur die eisige, kristallene Kälte des Wintersonntags mit seinem metertiefen Schnee, die Feindlichkeiten des Lebens überhaupt, die Zeit, das ganze Choas draußen verwich vor der behaglichen, scheiterknisternden, bratenduftenden Genüßlichkeit des getäfelten Raumes.
Es kam dann noch Kaffee, kostbarer Bohnenkaffee (»von bloß Kern«, wie ihn meine Großmutter zum

Unterschied vom Ersatzkaffee nannte), Streuselkuchen und meterlange, goldbraune, fetttriefende Strauben und für die Erwachsenen kleine Gläschen mit glasklarem, ölgelbem Obstschnaps, schwarzgebrannt ohne Zweifel, der so scharf war, daß man überhaupt nichts schmeckte, bis nicht seine wohltätige Wirkung vom Magen aus ihre tausend seligen Arme in alle Teile des Körpers reckte, was auch ich merkte, als ich ein klein wenig am Gläschen meiner Großmutter nippte.

Der Wirt setzte sich, nachdem die Kompanie der Mägde die leeren Schüsseln und Teller abgeräumt hatte, ein wenig zu uns, es wurde über allerhand gesprochen, was mich nicht interessierte. Ich schaute derweil eine illustrierte Zeitung an, und der Wirt hielt einen langen Pechspan in die nachgerade höllische Glut des Ofens und zündete damit seine Deckelpfeife und meinem Großvater und meinen Onkeln eine Zigarre an, so daß dieser weltliche Weihrauch den entschwindenden Geruch des Essens ersetzte.

Als es dämmerte – dort im tiefen Winter um drei Uhr – wurde dem Kutscher geheißen, die Pferde wieder anzuspannen. Es wurde selbstverständlich nicht bezahlt, sondern mit irgendwelchen Tuchentbezügen und Leintüchern verrechnet. Dann kam der Aufbruch.

Die nächtliche Luft schlug uns wie ein rauhes Tuch unter der gedrungenen Tür des Gasthauses entgegen. Freiwillig verzichtete ich jetzt auf den Platz am Bock und setzte mich zwischen meine Großeltern. Wieder zogen die Pferde mit einem Ruck, der alles schüttelte, den Schlitten an. Der Wirt und die Wirtin verabschiedeten sich laut und gestikulierend, wir winkten zurück.

Die Dämmerung, und bald die Nacht, verzauberte die Landschaft vollends. Tiefblau zogen sich die langen Schatten, die die schwarzen Fichten im vollen Mondlicht warfen, über die schweigend verschneiten Felder. Von den Höfen blitzten die rötlichen Lichter der kleinen erleuchteten Fenster, die fast vom Schnee erstickt schienen. Der dampfende Atem der Pferde war nicht mehr zu sehen, das Klingeln der Schellen weckte hie und da die Krähen in den Fichten, die sich schreiend erhoben und hinter uns sich wieder in die Zweige setzten, die jedesmal einen Berg ihrer Last an Schnee polternd entluden.

Die – obwohl verschneit – tiefschwarzen Berge hoben sich in einem Panorama von Silhouetten vom unendlich tief-schwarz-smaragdenen Himmel ab, und nichts, kein Hauch, kein Atem, nur die unendliche, eisige, glasharte und spröde Ruhe des mächtigen Winters schien um uns in dem jetzt eiligeren Schlitten – eingehüllt in Decken, satt und warm.

Als wir die Stadt erreichten, dämpften die ersten Häuser den Schritt der Pferde und das Klingeln der Schellen.

Daheim hatte Elsa das Feuer bewacht. Das ganze Haus war bald erleuchtet. Kälte und Schlitten hatten wieder hungrig gemacht, und während der Tisch gedeckt wurde, hörte man draußen den Kutscher schnalzen, die Pferde ein letztes Mal anziehen und die Schellen der Geschirre, dieses liebliche Divertimento des Winters, wie er früher war, in die Nacht hinaus verklingen.

Alle waren zufrieden. Der Großvater rieb sich die Hände: »Kann die Welt nicht immer so friedlich sein? Muß der Hitler den Choas anzetteln?«

»Sei still«, sagte die Großmutter, »wenn dich die Wanitschek hört.«

☼

Ein Winter-Märchen … und das märchenhafteste davon ist, daß es dennoch alltäglich war. Kann man das heute einem Kind anders erzählen, als erzählte man ein Märchen? Bin ich schon so alt, daß eine ganze Welt versunken ist, seit ich ein Kind war? So einen Winter gibt es nicht mehr.

Warum bekommt der Mensch die Jugend in einem Alter, in dem er nichts davon hat?

GEORGE BERNHARD SHAW

Ephraim Kishon

Lungenentzündung ist die Lösung

Der Verleger holte das Manuskript aus der Lade und wandte sich an Rodolfo Shamm.

»Ich habe sie gelesen.«

Der Dichter rutschte auf die Sesselkante vor.

»Ja«, flüsterte er. »Ja?«

»Es sind wunderschöne Gedichte. Ich finde, daß in den letzten zweihundertzehn Jahren nichts geschrieben wurde, was sich mit Ihrem ›Ich liebte dich, dich liebte ich‹ vergleichen könnte.«

»Danke«, kam es kaum hörbar von Shamms Lippen. »Seien Sie bedankt, Herr Blau.«

»Ich gehe noch weiter und sage, daß der ganze Band zu den lyrischen Gipfeln der Weltliteratur gehört.«

»Ich danke Ihnen. Und ich werde trotzdem versuchen, an diesen Gedichten bis zur äußersten Vollendung zu feilen, bevor Sie den Band veröffentlichen.«

»Bevor ich den Band – was?«

»Veröffentlichen ... den Band, Herr Blau ... Ich liebte dich, dich liebte ich ...«

»Wann habe ich von Veröffentlichung gesprochen?«

»Aber Sie sagten doch ... wunderschöne Gedichte ...«

»Wer kauft heutzutage Gedichte?«
»Niemand?«
»Nicht direkt niemand. Vierzig bis fünfzig Sonderlinge werden sich finden.«
»Ich bin bereit, auf jedes Honorar zu verzichten, Herr Blau.«
»Das versteht sich von selbst.«
»Ich bin ferner bereit, zu den Herstellungskosten beizutragen.«
»Auch schon was. Lassen Sie mich nachdenken. Leiden Sie an einer unheilbaren Krankheit?«
»Warum?«
»Dann könnte ich das Buch mit einer schwarzen Trauerbinde herausbringen: ›Das letzte Werk des Dichterfürsten‹. Das würde vielleicht den Verkauf ankurbeln.«
»Es tut mir aufrichtig leid, Herr Blau, aber ich bin gesund. Allerdings … wenn die Regenzeit beginnt …«
»Darauf kann ich mich nicht verlassen.«
»Dann sagen Sie mir bitte, was ich tun soll.«
»Ich möchte Sie nicht beeinflussen. Ich möchte Sie nur daran erinnern, daß der bekannte Maler Zungspitz, nachdem er das Augenlicht verloren hatte, phantastische Preise für seine Bilder erzielen konnte.«
»Leider bin ich Brillenträger.«
»Rodolfo, Sie scheinen nicht zu begreifen, um was es

hier geht. Ohne Reklame und Skandale ist Kunst heutzutage unverkäuflich.«

»Mir fällt etwas ein, Herr Blau. Ich werde nackt auf dem Elvis-Boulevard spazierengehen, mit einem Exemplar von ›Ich liebte dich, dich liebte ich‹ unterm Arm.«

»Ein alter Hut. Die begabte Autorin Gisela Glick-Galgal ist auf der Beethoven-Avenue zweimal unten ohne auf und ab geschlendert, um Besucher in ihre Signierstunde zu locken. Angeblich hat sie dann wirklich ein paar Bücher verkauft. Na, jedenfalls ist der Trick schon abgenutzt. Spielen Sie Trompete?«

»Noch nicht.«

»Schade. Dann bleibt nichts andres übrig als Brutalität. Nach dem ersten Verriß Ihres Buchs schlagen Sie dem Kritiker die Zähne ein. Einverstanden?«

»Gewiß, Herr Blau. Aber ich fürchte, daß niemand meine Gedichte verreißen wird.«

»Denken Sie nach, ob Sie nicht doch irgendeine Krankheit haben.«

»Leider … wie ich schon sagte, eventuell im Winter.«

»Vielleicht hat es in Ihrer Familie einen Fall von Wahnsinn gegeben? Das wäre brauchbar. Als Josef Melamed-Becker nach seinem Wahnsinnsausbruch in eine geschlossene Anstalt eingeliefert wurde, hat sein Roman drei Neuauflagen erreicht.«

»Der Glückspilz.«

»Es war kein Glück. Es war die Erkenntnis, daß ein

Buch auf Publicity angewiesen ist, wenn es gehen soll. Gibt es in Ihrem Band auch Liebeslyrik?«
»Aber Herr Blau, erinnern Sie sich nicht?«
»Ich habe Ihre Gedichte doch nicht gelesen. Wenn sie wirklich realistisch und offenherzig sind … sozusagen nackte Tatsachen … Sie verstehen, was ich meine …«
»Nein, Herr Blau, nein und abermals nein. Da springe ich lieber aus dem fünften Stock auf die Straße.«
»Das ist eine Idee. ›Von der Liebe enttäuschter Dichter begeht Selbstmord‹. Nicht schlecht. Sie könnten Verona Feldbusch eines Ihrer Gedichte widmen.«
»Gerne. Wer ist das?«
»Spielt keine Rolle. Sie haben nichts weiter zu tun, als irgendeinem Gedicht die Widmung voranzusetzen: ›Meiner ewigen Liebe V. F.‹ Das genügt.«
»In Ordnung.«
»Na, sehen Sie. Langsam beginnt mir Ihr Buch zu gefallen, Shamm. Wir lassen an die Presse durchsickern, daß Sie zwei Jahre wegen Bigamie …«
»Lieber nicht. Das stimmt nämlich.«
»Dann also nicht. Kommen in Ihren Gedichten auch antireligiöse Motive vor? Vielleicht eine beleidigende Stelle über die heiligen Schriften. Sie wissen doch, wie empfindlich diese Orthodoxen sind.«
»So etwas könnte ich mühelos einfügen.«
»Großartig. Wenn wir einen Rabbiner oder einen Kardinal dazu bringen, Ihr Buch mit einem Bann-

fluch zu belegen, ist die erste Auflage so gut wie verkauft.«

»Ich bewundere Ihre Erfindungsgabe, Herr Blau. Und ich danke Ihnen von Herzen.«

»Danken Sie mir noch nicht. Sie haben noch eine Menge zu tun. Heute nacht werden Sie sich wegen öffentlicher Gewalttätigkeit verhaften lassen. Dazu müssen Sie mindestens ein paar Fenster einschlagen. Dann verbarrikadieren Sie sich in der Damentoilette des Grandhotels, blasen Trompete, entkleiden sich, gehen auf die Straße und ziehen sich eine Lungenentzündung zu.«

»Ich werde mein Bestes tun.«

»Nachher versuchen Sie ein Bombenattentat auf die Regierung, lassen sich griechisch-orthodox taufen und wandern aus.«

»In Ordnung.«

»Und kommen Sie mir nicht unter die Augen, bevor Sie komplett wahnsinnig sind.«

»Das wird ganz leicht gehen, Herr Blau.«

Wem das Lächeln fehlt,
dem fehlt ein Flügel.

TRUMAN CAPOTE

Fritz von Herzmanovsky-Orlando

Das Familienbild

Für mich war es jedesmal ein Festtag, wenn meine Großmutter mich zu den Watzkas mitnahm. Denn die Familie Watzka und besonders deren Oberhäuptin, die dicke Mutter Pepi, waren von Geheimnissen umwittert, die sich nicht enträtseln ließen und statt dessen immer neue, unwahrscheinliche Seiten hervorkehrten. Es war über alle Maßen aufregend.

Selbst der Ursprung des vertraulichen Du, das zwischen meiner Großmutter und Frau Watzka in Gebrauch stand, blieb mir ewig unklar. Stammte Josephine wirklich aus böhmischem Provinzadel, wie sie gern behauptete, und war ihre jetzige, mehr kleinbürgerliche Treue nur die Folge ihrer Eheschließung mit Herrn Watzka (der übrigens, ungeachtet seines tschechischen Namens aus Ungarn kam)? War sie seinerzeit, als junge Pepi, im Haushalt meiner Großeltern beschäftigt gewesen? Oder gar meiner Urgroßeltern, als Kinderfrau meiner Großmutter? Ich weiß es nicht und habe es nie erfahren. Wenn ich eine zaghafte Erkundigung wagte, trug mir das einen strafenden Blick meiner guten Großmutter ein, während die dicke Mutter Pepi sich den Anschein gab, als ob sie mich gar nicht gehört hätte. Ihre Geisteseinfalt schien ihr ohnehin schon quälende Schmerzen zu bereiten, aber in solchen Momenten nahmen ihre unsäglich dummen Glotzaugen einen geradezu höllisch gepeinigten Ausdruck an. Dabei zog sie die Brauen verzweifelt hoch und begann mit nervösen, wenn auch dicken Fingern an dem ständig verschwitzten Perlenkollier zu klimpern, das sie direkt unterm Kinn trug, denn einen Hals hatte sie nicht.

Den Watzka, der in seiner Jugend ein typischer magyarischer Feschak mit leichten Mephisto-Zügen gewesen sein muß, sah man nur selten und die übrigen Familienmitglieder nur unregelmäßig, so daß man nie genau wissen konnte, wer dazugehörte und wer nicht.

Das große, pompös eingerahmte Familienbild hingegen – eine aus mehreren gelblich angestochenen Fotografien zusammengefügte Monstrosität, die an der Stirnwand des Salons prangte – bekam man nicht nur zu sehen, sondern bekam es von Mutter Pepi auch sehr oft erklärt:

»Alsdann die Dame mittendrin in der großen Balltoilette bin ich. Wann ich vielleicht einen etwas enteischten Gesichtsausdruck hab, is das die Schuld vom Fotografen, weil der g'sagt hat, ich soll immer in die Glaswirtschaft da hineinschaun, es wird gleich a

Vogerl herausfliegen. Hab ich g'schaut, is kein Vogerl kommen. Es war eine Fliege.«
Sie seufzte auf und griff rasch nach ein paar Süßigkeiten, die sie in ständiger Reichweite hatte; am liebsten waren ihr die sogenannten Buchteln, aus flaumigem, oben und unten knusprig gebräuntem Teig gebacken und mit jener unnachahmlichen Abart von Zwetschgenmarmelade gefüllt, die man in Böhmen und den angrenzenden Kronländern »Powidl« nennt. Durch solche Stärkung über die Lügenhaftigkeit der Menschen getröstet, deutete sie mit bröselbestäubtem Zeigefinger auf die männliche Gestalt, die mit ihr die Mitte des Bildes einnahm und an deren Knien ein überaus häßlicher Knabe in Röhrenstiefeln lehnte: »Der mit'n Spitzbart und die stechenden Augen is selbstredend der Watzka, und der Bub is unser Jüngster, der Zdenko. Daneben die Ada, unsere Älteste, was bekanntlich den Keckeis geheiratet hat, den da. – Nein, *den*.«
»Und wer ist der, den du zuerst für den Keckeis gehalten hast?« fragte meine Großmutter.
»Jaa, wenn ich das nur wißte! Wir zerbrechen uns eh schon seit Jahren den Kopf drieber. Auch der Watzka kann sich nicht erinnern, ob es ein unsriges Kind is ... Mit die Fotografen is a Kreiz. Sie meinen's ja nicht schlecht, aber sie haun halt immer die Bestellungen durcheinander, besonders die Idealisten, die mit Samtjackerl und Kinstlermähne. Nachher will

man ihnen natierlich nicht die Schand antun und das Bild refisieren, obgleich es einen jedesmal vom frischen wurmt, wenn man's anschaut. Laßt man's halt in Gottes Namen im Salon hängen … Also, das da ist dann die Mizzi, da war's grad krank. Und a alte Frau, was uns immer den Reibsand bringt, ha ihr a Hundsfetten geben zum Einreiben. Ich sag dir, g'stunken hat's nicht zum Aushalten. Aber g'sund is worden.«

Mizzi hatte eine konkave Brust und eine auf dem Bild völlig schwarz wirkende Nase, die einem verrunzelten Schwammerl bedrückend ähnlich sah. Meine Großmutter lenkte rasch ab, indem sie sich nach dem angrenzenden Mädchen erkundigte.

»Jene hier? Das ist die Wilma.« Mutter Pepi nickte wehmütig. »Das war damals die Braut vom armen János, weißt ja eh. Er hat s' aber nicht g'heirat, weil man ihr auf was draufkommen is. Nix wie Ärger ham wir wegen derer g'habt. Sogar die Polizei war bei uns im Haus, nachschaun. Und da hat er dann das Verleebnis rickgängig gemacht. Aber da im Bild, da siehst ja, da schaut er noch ganz frehlich drein, der Jancsi. In Uniform. Das war kurz vor'n Unglick. Bevor s' ihn wegen dem entsetzlichen Foppa bein Maneever erschossen ham …«

Daß »Foppa« Mutter Pepis Version von »faux pas« war, wußte ich schon. Die angebliche Erschießung ihres Lieblingssohnes János gehörte jedoch zu den

unergründlichen und unberührbaren Geheimnissen des Hauses. Deshalb überraschte es mich sehr, als meine Großmutter einwarf: »Aber der Jancsi lebt doch noch? Ich hab's erst neulich wieder gehört!«
Mutter Pepi zog schmerzerfüllt etwas Luft ein. Die Augen glotzten wie bei einem herzkranken Frosch, und die Brauen standen ungefähr dort, wo bei anderen Damen die Frisur beginnt. Dann hatte sie sich wieder gesammelt und überhörte mit gewohnter Meisterschaft, was sie nicht hören wollte.
»Derschossen ham s' ihn, den Ärmsten, weißt ja eh. Weil er damals beim Maneever den Erzherzog Albrecht irrtiemlich in' Dreck geschmissen hat. Auf dem Altar des Vaterlandes. No ja.« Noch einmal schnupfte sie auf und war schon wieder bei der Erklärung des Bildes. »Die Wilma ham wir trotzdem im Bild gelassen. Es macht es reicher … Hier wiederum sind unsere zwei verstorbenen andern Sehne, bevor der Zdenko gekommen is. Den linken hat der Fotograf ein bißl zu klein gemacht, deswegen ham wir auch ka rechte Freid mit dem. Alois hat er g'heißen. Und in Wirklichkeit war er grad so groß wie der Jancsi gottselig … Das da muß ich dir nicht sagen, das is mein guter Vater, der Ritter Horniembsch von Horniemschau aus Kolin. Die Damen rechts und links sind meine beiden seligen Stiefmitter. Und dahinter, wo er noch a bißl wie a Teifl ausschaut, is der Watzka als Junger.«

»Und wie kommt ihr zu dem Lohengrin, in den sich dein seliger Vater einhängt?«
»Das ist doch sein Löbtag kein Lohengrün nicht, das is doch der Keckeis. Der hat sich nur so kostimiert, weil er einmal Theater gespielt hat, beim Feierwehrball im ›Auge Gottes‹. Das war ja damals, wie sich die Ada in ihn verliebt hat. Und da hat s' dann keine Ruh geben, bis wir ihn ins Familienbild hineingenommen ham. Eigentlich is er nur zweiter Direktor von der Dampfmölkerei, aber er is a Kinstlernatur. Und die Ritterristung is nur aus Stanniol. Seit was amal beim Ahnenfest am Kahlenberg der Blitz in einen Lohengrin eingeschlagen hat, dirfen die Kostiemleihanstalten nur noch stanniolene Lohengrine herborgen. Der vom Blitz Geteetete war ein k. k. Statthaltereikonzipist, a g'wisser Votruba von Kaiserhuld. Wegen diesen sind jetzt die blechernen Lohengrine strengstens verboten ...«
Die Unterhaltung begann sich anderen Dingen zuzuwenden und interessierte mich nicht mehr. Mich interessierte das tragische Ende des seligen János bei den Manövern. Aber meine Großmutter hatte für die Nachforschungen, die ich auf dem Heimweg anzustellen versuchte, nur ein Kopfschütteln und ein verschmitztes Lächeln zur Antwort. Auch mit ihrer Mitteilung, daß der abgängige Jancsi ja nicht nur Soldat und Reserve-Unteroffizier gewesen sei, sondern im Hauptberuf eigentlich Kassier bei der

Unionbank, wußte ich nichts anzufangen. »Die Pepi leidet halt an verschlagener Romantik«, setzte sie hinzu. »Also lassen wir's dabei.«
Mir blieb das alles vollkommen unverständlich; aber ich genoß es sehr, als bei unsrem nächsten Besuch die Rede abermals auf János kam und von seiten der Mutter Pepi eine Aufklärung seines tragischen Endes erfolgte, wie sie es sah. Wer weiß, vielleicht hatte meine gute Großmutter das Datum unseres Besuchs mit Absicht so gewählt. Es wäre ihr zuzutrauen. Jedenfalls empfing uns Mutter Pepi in einem desolaten Zustand tiefster Niedergeschlagenheit, der sich schon darin äußerte, daß um ihren Sitz herum eine Menge kalter Buchteln verstreut waren, viele davon zertreten; auch weiter im Zimmer führte eine schüttere Piste dieser Leckerbissen bis zum Hauptdepot neben dem Kachelofen.
»Damit s' nicht ganz derkalten«, sagte Mutter Pepi tonlos und starrte trüb vor sich hin.
»Was ist denn los mit dir, Pepi?« fragte meine Großmutter mit inniger und, wie mir schien, ein wenig heuchlerischer Anteilnahme.
»Ja weißt denn nicht, was heit fir ein Jahrestag is?« kam vorwurfsvoll die Gegenfrage. »Heit vor einem Jahr ham s' och den armen Jancsi derschossen, Gott hab ihn selig.«
»Um Himmels willen, richtig«, bemerkte meine Großmutter artigkeitshalber. »Und warum eigentlich?«

»Das fragst noch? Wo's alle Spatzen, ich bitt dich, von denen Dächern pfeifen?«
»Aber was hat er denn angestellt? Er war doch immer so brav und anständig?«
»Marandjosef, das ist es ja gerade! Wegen seiner Pflichttreie!«
Die kugelrunde Matrone versuchte aufzustehen, fiel aber sofort mit einem Krach in den schwer überlasteten Lehnstuhl zurück. Immerhin konnte man in dem kurzen Augenblick feststellen, daß sie auf mehreren zerquetschten Buchteln gesessen war, die ihren Powidl zur Gänze von sich gegeben hatten. Zum Glück trug sie ein braunseidenes Kleid. »Sitzt du nicht ein bißchen feucht, Pepi?«
»Wie soll ich heit dran denken, ob ich feicht sitz oder nicht! Wo s' grad heit vor einen Jahr meinen Jancsi auf der Schmelz z'sammg'schossen ham, den armen Buben … und nur wegen seinen patriotischen Ieber-eifer …« Die fette Dulderin machte den Mund der Niobe, aber so, als ob ihn der Höllenbreughel aus dem Gedächtnis kopiert hätte. »Bei die Herbstmaneever, daß ich dir amal die Wahrheit sag. Da hat der arme Bub, weil s' ihn doch als Reserve-Unteroffiziersleutnant zur Waffeniebung eingezogen ham, einen Horchposten ausieben missen. Mit der neichen Uniform, vom Zymbler in der Mariahilferstraßen, schad' ums Geld. Kannst dir denken, was er da fir einen schwierigen Dienst gehabt hat, durch die Ge-

bische … ich bitt dich, auf alle viere hat er missen kriechen … bis ganz nah zum … Ježišmarja … Feind. No, und wie er in denen Gebischen herumg'schloffen ist, sieht er dir nicht auf einmal einen hochen Generalen, was an grienen Föderbusch am Kopf g'habt und mit'n Ricken gegen seiner ganz unentschlossen umanandsteht. In der einen Hand hat er a Landkarten und die andre haltet er ans Ohr. War halt mißtrauisch wie alle hohen Generale, wegen Intrügen von Hofkakarilla … No, und wie er so Hand an Ohr haltet, ob wer kommt, denkt sich der Jancsi: Aha, der hat herausgekriegt, wo unsre Truppe steht, no das is scheen, no wart nur, das versalz ich dir, der wird g'fangt. Erschtens gewinnen wir dann die Maneever, und zweitens wird mein Hauptmann, der Chládek, a Mordsfreid ham, wann ich ihm den Generalen bring. Vielleicht hat sich der Bub … mein Gott, er war ja schließlich Bankbeamter … hat er sich auch noch denkt, daß er vielleicht a Leesegeld kriegt fir an gefangenen Generalen, man kennt ja aus Romanen … No, unter dem sieht er schon, wie der General … aber ich bitt dich: sag's niemanden nie nicht weiter, um alles in der Welt … also wie der General die Hosen herunterlaßt und die Landkarte zerreißt und weichrippelt. Ieberlegt sich der János nicht mehr lang, springt aus'n Gebisch und brillt: ›Im Namen Seiner Majestät unseres Allerheechsten Kriegsherrn sind Sie verhaftet!‹ Und wie der alte Herr vor Schreck

nach hinten fallt und den grienen Buschen verliert, sieht der Bub … ich bitt, schweig drieber … daß es der Durchlauchtigste Herr Erzherzog Albrecht war, der Onkel vom Kaiser …«
Mutter Pepi hielt inne, rötzelte tiefbekümmert und stierte zu Boden. Der Kanari, sonst immer für ein Stummerl gehalten, begann fröhlich zu zwitschern. »Ja, Hansili, du hast leicht singen«, seufzte die überfressene Niobe. »Du hast kan Sohn nicht, was mit'n Pelonton fisiliert worden is und wo die arme Mizzi jetzt kan Bruder nicht mehr hat zum Aufpassen, damit sie nicht um achte auf die Nacht denen Wiestlingen zum Opfer fallt …«

»Alsdann stell dir vor«, wandte sich die schwergeprüfte Matrone zum Abschluß an meine Großmutter. »Den Erzherzog Albrecht, den Oberstkommandierenden von der ganzen Armöö, hat mein unglicklicher Sohn fangen missen … beim Kacken, ich bitt dich … an Generalen mit lauter ruhmvolle Siege an den Fahnen … sowas laßt der Himmel zu. Da ham s' natierlich nix andres machen kennen, als ihn derschießen. Aber ich beschweere dich noch amal, bewahr das bei dir bis aufs Totenbett! Es ist das greeßte Staatsgeheimnis von Esterreich! Wann das der Kaiser erfahrt …

Bis jetzt hat noch niemand gewagt, es ihm zu sagen … nicht amal flisternd … so ein Unglick, so ein Unglick …«

Laut aufröhrend sank die beklagenswerte Frau hintüber in den Lehnstuhl. Dann, wohl um ihrem Schluchzen Einhalt zu gebieten, stopfte sie sich gleichzeitig drei Buchteln in den Mund und barg das Gesicht in Händen.

Meine Großmutter machte mir ein Zeichen. Wir entfernten uns auf Zehenspitzen.

In Zeiten wie diesen
wird jeder gebraucht – und sei es
nur als schlechtes Beispiel.

MODERNE WEISHEIT

Karl May

Zum ersten Mal an Bord

Mr. Potsherd stampfte gegen den Wind dem Strande zu. Er war seit kurzem Besitzer der hiesigen Glasfabrik geworden, trug in jeder Hand eine wohlgefüllte Tasche, und ihm folgte sein Comptoirdiener mit einem schweren Koffer, Regenschirm und sonstigen Reiseutensilien. Von links her kam Mr. Lucky geschritten. Er war ein junger Handelsbeflissener, und sein Gepäck bestand einzig nur in dem Überrocke, der an seinem Arme hing.

»Ah, Mr. Lucky!« rief der erstere. »Wohin?«

»Zur See, nach Charleston.«

»Ich auch.« Er deutet auf Koffer und Taschen und fügt hinzu: »Auf Reisende ist kein Verlaß; will meine Proben mal selbst vorzeigen. *Well*, reisen wir zusammen. Waren Sie schon einmal zur See? Ich noch nicht. Bin neugierig auf die Seekrankheit.«

»*Pshaw!* Ist Dummheit! War schon zweimal in New York. Seekrankheit ist Einbildung – der reine Spaß!«

Am Strande angekommen, sehen sie das Boot schon ziemlich gefüllt. Sie steigen ein; Potsherd nimmt sein Gepäck zu sich, der Diener kehrt nach dem Städtchen zurück, und das kleine Fahrzeug stößt ab, dem großen Dampfer entgegen, der ob seines Tiefganges der Küste sich nicht mehr nähern kann. Die See geht hoch; sie wirft wahre Berge; die Ruderer haben harte Arbeit; Mr. Potsherd wird sehr bleich, und Mr. Lucky macht die Augen zu, obgleich er schon zweimal in See gewesen ist. Vielleicht ist die Seekrankheit doch kein so großer Spaß für ihn, wie er sich vorhin den Anschein gegeben hat. Doch geht die Bootsfahrt glücklich vorüber; der Dampfer nimmt die Passagiere an Bord; die beiden nehmen Fahrkarten erster Kajüte und lassen sich ihre Räume anweisen, mit denen sie sehr zufrieden sind. Nachdem sie sich die prächtigen Salons besehen haben, kehren sie an Deck zurück, um den Anblick der wogenden See zu genießen.

Das sind keine Wellen, sondern Wogen, und was für welche! Das Schiff rollt bald im tiefen Hohl derselben, bald wird es hoch emporgehoben, so daß es das Kupfer am untern Rumpfe zeigt. Nach zehn Minuten meint Mr. Potsherd: »Ich weiß nicht, ob die See läuft oder wir. Ich muß mich setzen.«

Die Herren setzen sich, und Mr. Lucky läßt sich ein Glas Cognac geben. Es wird ihm so schwach im Magen, und dem Glasfabrikanten ist's, als ob er einen Bienenstock im Kopfe habe. Glücklicherweise ruft die Glocke zum Diner, bei dem man sich wieder erholen kann. Im *Dining room* ist gedeckt, und jeder sucht sich seinen Platz. Die Schiebefächer der Tafel sind so praktisch eingerichtet, daß man meint, selbst der höchste Seegang könne keinen Schaden anrichten. Die Suppe wird herumgereicht. Soeben will Mr. Lucky dieselbe mit einem zweiten Cognac einleiten, da legt sich das Schiff auf die Backbordseite, und der Speisesaal folgt derselben Neigung. Der Steward schüttet, anstatt sie ihm vorzusetzen, Mr. Potsherd die Suppe auf die Knie; Mr. Lucky strengt sich an, nicht vom Stuhl zu fallen, und als er dann das Glas zum Munde führt, ist es leer, denn er hat sich den Cognac in die Suppe geschüttet, welche nun ungenießbar ist. In ähnlicher Weise verlaufen die weiteren Gänge. Das Essen ist ausgezeichnet, aber die See spielt den Speisenden einen Streich nach dem andern, so daß man zu keinem wirklichen Genusse kommt. Als noch zu guter Letzt das Konfekt glücklich auf den Teppich gekollert ist, begeben unsere beiden Passagiere sich nach dem Rauchsalon, um eine Zigarre zu genießen, wogegen der Atlantische Ozean wohl nichts haben wird. Den duftenden Rauch behaglich von sich blasend, erklärt Mr. Potsherd, daß er hoffe, in Charleston mit seinen Glasproben famose Geschäfte zu machen, und Mr. Lucky erzählt, daß ihm vom Bankier Kneel dort eine Buchhalterstelle angeboten worden sei, doch wünsche dieser Herr, ihn vorher zu sehen und zu erproben, ob auf persönliche Sympathie zu hoffen sei, denn ein Untergebener müsse seinem Vorgesetzten vor allen Dingen sympathisch sein. Kaum sind diese kurzen Mitteilungen gemacht, so beginnt das Schiff zu schlingern, welche Bewegung sich den Rauchenden direkt mitteilt, weil der Rauchsalon weit vorn im Vorderteile liegt. Mr. Potsherd erklärt, daß er sich in seine Koje zurückziehen müsse, da er zu viel gegessen habe, was aber gar nicht wahr ist, und entfernt sich wankend. Mr. Lucky will tapferer sein; er läßt zwar seine Zigarre fallen, nimmt sich aber vor, auf seinem Posten, am Rauchtischchen, auszuhalten. Bald aber ergreift ihn ein ganz unbeschreibliches Gefühl. Es ist ihm, als ob er ein riesiger Luftballon sei, der mit rapider Schnelligkeit dem Monde zufliege, und als ein Wogenberg den Bug des Dampfers so hebt, daß sich Mr. Lucky kaum auf seinem Platz halten kann, beschließt er, dem Beispiele seines Reisegefährten zu folgen. Er greift sich vorsichtig mit den Händen an den Wänden fort und gelangt glücklich an seine Koje. Gerade als er eintritt, bäumt sich der Dampfer abermals, und der Fußboden bekommt dadurch eine so starke Neigung, daß Mr. Lucky sich an der Portiere festhalten muß, um nicht umzufallen.

Was nun in den beiden nebeneinanderliegenden Kojen geschieht? Mr. Potsherd hört Mr. Lucky wimmern, und Mr. Lucky hört Mr. Potsherd jammern; es gibt allerlei unterirdische Geräusche, bis nach längerer Zeit die Stille des blassesten Todes eintritt.

Am Abend scheint die See sich beruhigt zu haben.

Die Sterne flimmern, und Mr. Lucky und Mr. Potsherd schweben gespenstergleich aus den Kojen hervor, nicht etwa, um sich am Souper zu beteiligen, zu welchem soeben geläutet wird, o nein, sondern nur um die Sterne heimlich zu fragen, ob einer von ihnen ein Mittel gegen den *Mal de mer* anzugeben vermöge. Bei dieser Gelegenheit teilt Mr. Potsherd vertraulich mit, daß seine Glasfabrik zwar ausgezeichnet rentiere, er aber doch, um sie zu erweitern, nach einem reichen Compagnon annonciert habe.

Der Dampfer nähert sich der Küste, nimmt neue Passagiere auf, welche ein Boot herbeibringt, und sucht dann wieder die hohe See auf. Einer dieser Reisenden trägt einen Havelock mit Mönchskapuze und bekommt die Koje angewiesen, welche neben derjenigen von Mr. Lucky liegt. Dieser letztere sagt Mr. Potsherd, daß dessen Name eigentlich nicht für einen Glasfabrikanten passe, und der Fabrikbesitzer erwidert, daß der Name Lucky von guter Vorbedeutung für die Reise des jungen Mannes sei. Sie bleiben miteinander an Deck, bis die Sterne plötzlich verschwinden und der Kapt'n meldet, daß wahrscheinlich eine leichte Bö im Anzuge sei; da ziehen sie sich schleunigst in ihre Kojen zurück.

Diese waren so eingerichtet, daß je zwei von einer Lampe erleuchtet wurden, welche oben in einem Ausschnitte der dünnen Zwischenwand hing. Die Zwischenwand konnte als Tür geöffnet werden, falls ein Passagier zwei Kojen für sich in Anspruch nahm. Mr. Luckys Lampe hing zwischen ihm und dem Kapuzenmann. Sein Raum war wohl eigentlich ein *Ladies room*, da sich ein Pianino in demselben befand. Er legte sich auf das Polster und breitete die dazu vorhandene Decke und den Überrock über sich aus. Und das war gut, denn die See ging plötzlich wieder so hoch, daß das Stehen fast zur Unmöglichkeit wurde.

Der Wind war steif und blies, ohne abzusetzen, so daß er also keine Töne gab. Es war so still in der Kajüte, daß man sprechen hören konnte. Um so lebhafter und unregelmäßiger war der Gang des Schiffes. Bald lag es auf dieser, bald auf jener Seite; bald stieg es bergan, bald fiel es bergab. Vom Schlafen war keine Rede. Man mußte wach bleiben und sich fest anhalten, um nicht vom Lager zu fallen. Das Ohnmachtsgefühl stellte sich bei Mr. Lucky wieder ein. Er seufzte und stöhnte. Es war ihm weit schlimmer als einem Fuchse beim Prellen zumute. Da – so arg war es noch gar nicht gewesen, der Dampfer bäumte sich, daß Mr. Lucky den Halt verlor; dann fiel das Schiff so plötzlich auf die Seite, daß der junge Mann, schon nach links fallend, auch nach vorn geschleudert wurde; die Folge war, daß er einen regelrechten Purzelbaum schlug und schleunigst Parterre zu sitzen kam. Zu gleicher Zeit ging drüben bei Mr. Potsherd ein Krachen, Prasseln, Klirren und Klingen los, als ob der ganze Himmel aus Glas bestehe und zusammengebrochen sei. Es folgte ein unbeschreibliches Zetermordio des Fabrikbesitzers, und von der Seite des andern Nachbarn her, aus der Nähe der Decke herab, ertönte die ängstliche Frage: »Was ist los, Sir? Was zerbrechen Sie? Welches Unheil richten Sie an? Ich werde –«

Der Sprecher kam nicht weiter, oder vielmehr er kam weiter, viel weiter, als er beabsichtigt hatte, nämlich in die Koje hereingeflogen. Er war drüben auf das Lager gestiegen, um durch die Lampenöffnung herüberzusprechen. Die dünne Scheidewand war, wie schon gesagt, eine Tür, deren Verschluß der Last des Mannes nicht zu widerstehen vermochte; sie ging auf, und er stürzte herein, gerade vor Mr. Lucky hin, welcher sich aus seiner sitzenden Stellung in eine kniende aufgerichtet hatte. Der junge Mann blickte dem unfreiwilligen Eindringling ganz verdutzt entgegen, und dieser, auf den Knien und Händen liegend, schaute ebenso verblüfft aus seiner Kapuze hervor, bis Mr. Lucky endlich fragte: »Aber, Sir, was wollen Sie? Wer sind Sie?«

»Wer ich bin?« antwortete der andre, noch immer auf seinen vier Extremitäten. »Ich heiße Kneel, Bankier Kneel.«

»Alle Wetter!« rief Lucky. »Bankier Kneel! Etwa aus Charleston?«

»Allerdings.«

»Welcher Zufall! Ich wollte dorthin, um mich Ihnen vorzustellen, wissen Sie, wegen der notwendigen Sympathie.«

Der Bankier sprang auf, zog den Sprecher auch empor und sagte lachend: »So sind Sie also Mr. Lucky? Unsere Begegnung ist so interessant, daß Sie mir sofort sympathisch sind. Sie sollen also die Stelle haben. Nun aber kommen Sie vor allen Dingen weiter. Wir müssen sehen, was da neben Ihnen geschehen ist.«

Sie traten auf den Gang hinaus und öffneten die Koje Mr. Potsherds. Dieser lag in einem Scherbenhaufen. Er war so unvorsichtig gewesen, seine Glasproben nicht auf den Fußboden zu stellen, sondern aufzuhängen, und infolge der beschriebenen Schiffsbewegung war alles herabgefallen. Nun saß er in den Trümmern und jammerte: »Mein Name, mein unglücklicher Name! Potsherd! Es ist wirklich alles in Scherben gegangen!«

»Potsherd?« fragte der Bankier. »Etwa der Besitzer einer Glasfabrik, welcher einen Compagnon sucht?«

»Ja«, antwortete der Gefragte, indem er aufstand.

»Ich habe Ihre Annonce gelesen und mich nach Ihren Verhältnissen erkundigt; sie genügen mir. Ihr Name ist gut und die unsrigen zwei auch. Mr. Lucky ist im Fallen glücklich gewesen, und ich, der ich Kneel heiße, habe ihn im Knien kennengelernt. Das Geklirr Ihrer Scherben hat mich zu Ihnen geführt,

und wir werden ja Zeit finden, über das Geschäft zu sprechen. Oder nicht? Ich bin nämlich der Mann, zu welchem Mr. Lucky nach Charleston wollte. Wunderbar, dies Zusammentreffen, nicht?«
»Well!« nickte Mr. Potsherd, indem er im ganzen Gesichte lachte. »So will ich die Scherben nicht betrauern. Die Seekrankheit ist wirklich der reine Spaß, wie Sie gesagt haben, Mr. Lucky. Fühlte ich, daß ich überhaupt noch einen Magen habe, schlüge ich vor, wir wecken den Steward und stechen einige Flaschen Rheinwein aus.«

Im Grunde ist jedes Unglück gerade so schwer,
wie man es nimmt.

MARIE VON EBNER-ESCHENBACH

Helga Leeb

Jonathan weiß alles

Jonathan besitzt ein Gedächtnis, das ihn so gut wie nie im Stich läßt. Ich besitze ein Gedächtnis, das nicht der Rede wert ist.
Jonathan glaubt, man könne das Gedächtnis trainieren. Ich habe es versucht. Aber es nützt nichts. Jonathan glaubt, das kommt davon, weil ich mich nicht genügend konzentriere. Ich glaube, daß es ziemlich schwierig ist, sich zu konzentrieren, wenn man immer an ungefähr fünf Sachen gleichzeitig denken muß.
Zum Beispiel daran, ob der Gemüseladen noch offen hat – daß Jonathans Nußschokolade fehlt – daß Michi den Zahnarzttermin verlegen muß – daß ich Christians Englisch-Essay korrigieren soll – daß die Wäsche in der Maschine schon seit einer Stunde fertig ist – daß ich Zirkuskarten für meine Mutter besorgen wollte – daß die Hecke seit drei Wochen geschnitten gehört – daß Tante Mimi irgendwann in diesen Tagen 80 wird (oder womöglich 81, das wäre eine Katastrophe, dann hätten wir den Achtzigsten verpaßt) – und daß ich für meinen Artikel zum Thema »Frauen unter Streß« einen neuen Anfang brauche. Obgleich er

eigentlich schon gestern per Eilboten hätte weggehen sollen.
Jonathan findet, er habe auch viel um die Ohren und vergesse trotzdem nichts. Ich finde, mit zwei Sekretärinnen im Vorzimmer, einem Terminkalender und einem Büro, dessen Tür man hinter sich zumachen kann, sei das viel einfacher. Außerdem habe er nun einmal – was jedermann wisse – dieses wundervoll funktionierende Gedächtnis.
Jonathan und ich bummeln durch Paris. Hinter dem Garten des Palais Royal biegt er plötzlich links ab, folgt einer kleinen, gesichtslosen Straße, bleibt stehen, biegt nach rechts, schaut sich nach allen Seiten um und nimmt wieder seine Spur auf. Er erinnert ein bißchen an einen schnüffelnden Hund.
Ich sage: »Jonathan, wir wollten doch nach rechts gehen, die Galerie Vivienne anschauen und dann zu den neugebauten Hallen, die alle so scheußlich finden.«
»Ich komme gleich. Laß mich nur noch um die nächste Ecke schauen, da muß das kleine Hotel liegen, in dem wir bei unserem ersten Parisaufenthalt vor vierzehn oder fünfzehn Jahren gewohnt haben«, antwortet Jonathan.
»Jonathan, das kann nicht sein«, erkläre ich fröhlich. »Ich war noch nie in meinem Leben in diesem Stadtviertel. Drum hab ich ja auch den Park des Palais Royal nicht gekannt. Wie schön, daß wir den endlich entdeckt haben. Ich liebe ihn.«

»Schade«, murmelte Jonathan abwesend. »Der kleine Platz mit dem Hotel muß ganz in der Nähe liegen. Wir hatten ein Mansardenzimmer. Winzig und billig, aber sehr romantisch. Und auf dem Platz stand ein Brunnen mit drei nackten Nymphen, über die du dauernd gekichert hast.«

»Jonathan, ich bitte dich! Drei nackte Nymphen und ein romantisches Mansardenzimmer, davon würde ich doch auch etwas wissen«, sagte ich mit leichter Ungeduld in der Stimme. »Da mußt du etwas verwechseln. Vermutlich hast du mit jemand anderem dort gewohnt.«

Nach drei herrlichen Frühlingstagen in Paris kommen wir nach Hause. Jonathan greift nach einem unserer Photoalben, blättert ein bißchen darin herum und hält mir eine aufgeschlagene Seite vor die Nase. Auf einem verblichenen Schwarzweißphoto steht eine kleine Person in absurd hohen Stöckelschuhen und deutet auf drei nackte steinerne Nymphen, die ein Brunnenbecken überragen. Darunter steht in meiner Handschrift: Unser Hotel in Paris gleich hinterm Palais Royal mit seinem wundervollen Park.

Die Person in den Stöckelschuhen bin ich. Man kann nichts dagegen machen. Jonathan hat ein gutes Gedächtnis. Ich nicht. Jonathan weiß alles. Ich nicht.

Er weiß zum Beispiel, wie lange Goethe gelebt hat, wann Mozart gestorben ist und wie viele Frauen in welcher Reihenfolge Picasso hatte. Er weiß, wer das elektrische Licht erfunden hat, wann Amerika in den Zweiten Weltkrieg eingetreten ist, wie man in der Stoßzeit mit dem Auto am besten zum Sendlingertorplatz kommt und was in »Dr. Faustus« von Thomas Mann wirklich drinsteht. Wenigstens in groben Zügen.

Ich habe das alles auch einmal gewußt. Nehme ich an. Genau weiß ich nicht, ob ich es gewußt habe. Daran ist mein schlechtes Gedächtnis schuld.

Das war schon immer schlecht. Ich erinnere mich an einen Sommernachmittag im Garten meines Elternhauses. Ich sitze mit meiner Mutter am Kaffeetisch unterm Birnbaum und bin schrecklich nervös. Ich war am Abend zuvor auf einem Sommerfest und habe immer wieder mit einem blonden Studenten der Mathematik getanzt. Er gefiel mir nicht übermäßig gut, aber er tanzte hervorragend, und als er fragte, ob er mich am nächsten Nachmittag besuchen dürfe, sagte ich ja.

Um halb vier wollte er dasein. Jetzt ist es Viertel nach drei. Ich bin nervös.

»Du mußt doch ungefähr wissen, wie er aussieht«, dringt meine Mutter in mich.

»Nein. Es tut mir leid. ich erinnere mich einfach nicht.«

»Also, war er blond oder eher dunkel?«

»Keine Ahnung.«

Meine Mutter seufzt. Hinter der niederen Garten-

mauer sieht man Passanten vorbeigehen. Wir wohnen an einer belebten Straße.
»Jetzt kommt ein junger Mann auf die Gartentür zu. Kann's der sein?« fragt meine Mutter.
»Ich glaub, ja. Mein Gott, jetzt hab ich auch noch vergessen, wie er heißt. Helmut oder Herbert oder so ähnlich.«
Der junge Mann geht vorbei. Zwei weitere ebenso.
»Einen Hut wie der da drüben wird er ja wohl nicht aufhaben«, sagt meine Mutter.
»Möglich ist alles«, sage ich und verwünsche innerlich die ganze Verabredung, die nur peinlich werden kann und die mich überhaupt nicht mehr interessiert. Zum Kaffee nach Hause kommen! Was denkt sich dieser Helmut oder Herbert eigentlich? Wir leben doch nicht im 19. Jahrhundert!
Es klingelt. Heftig und ausdauernd. Zwei blasse Jünglinge mit Aktentaschen unterm Arm stehen vor der Tür.
»Um Gottes willen, die kenn ich, das sind Zeugen Jehovas«, flüstert meine Mutter, erhebt sich, geht festen Schrittes den Kiesweg entlang aufs Gartentor zu und sagt energisch: »Meine Herren, Sie brauchen sich nicht zu bemühen. Wir sind ein katholischer Haushalt und an Besuchen irgendwelcher Art nicht interessiert.«
Es waren natürlich keine Zeugen Jehovas, sondern mein Verehrer vom Vorabend und ein Freund, den er

gebeten hatte mitzukommen. Als seelische Unterstützung sozusagen.
Der Brief, den ich am nächsten Tag bekam, war von schneidender Kälte. Meine Mutter sagte, es sei ihr unendlich peinlich, sie habe nun einmal ein entsetzlich schlechtes Personengedächtnis. Das müsse in der Familie liegen.
Wie gut, daß ich meist Jonathan an der Seite habe, wenn ich mich zu größeren Menschenansammlungen begebe.
»Der Mensch mit den langen Haaren da drüben zwinkert mir andauernd zu. Ich finde das sehr merkwürdig«, sage ich halblaut zu Jonathan.
»Das ist der Lektor, der dein letztes Buch bearbeitet hat«, teilt mir Jonathan mit. »Bei dem italienischen Abendessen vorige Woche saß er links neben dir, und ihr habt euch äußerst angeregt unterhalten.«
»Mein Gott, wie peinlich. Ich erinnere mich. – Herr Dr. Müller«, rufe ich und steuere auf ihn zu.
»Meyer, Dr. Meyer«, zischt Jonathan hinter mir her. Zu spät.
Glücklicherweise scheint es anderen Menschen ähnlich zu gehen. Neulich waren wir zum Geburtstag einer bekannten Bestsellerautorin eingeladen. Jonathan kennt sie ziemlich gut, und auch ich habe mehrere Abende und sogar eine längere Dampfschiffahrt an ihrer Seite erlebt.
Wir reihen uns in die Schlange der Gäste ein. Jona-

than begrüßt die berühmte Autorin und gratuliert ihr. Ich begrüße die berühmte Autorin und gratuliere ihr. Sie blickt mich ratlos an, dann verklärt ein seliges Lächeln ihr Gesicht: »Liebste Maria-Monika«, ruft sie und preßt meine Hand an ihren Busen. »Ich danke dir für deinen wundervollen Brief. Er hat mich von allen Geschenken am meisten erfreut.«
»O bitte, gern geschehen«, stammle ich und überlege seither, wer Maria-Monika sein könnte und was wohl in dem wundervollen Brief drinstand.
Auf demselben Fest kam mehrmals eine entzückende ältere Dame auf mich zu, streckte mir die Hand entgegen und sagte: »Traller ist mein Name. Ich bin Literaturagentin und erkenne nie jemanden wieder. Deshalb gehe ich einfach auf jeden zu und sage, Traller ist mein Name, und wer sind Sie?«
»Da mache ich genauso«, erwidere ich.
»Ach, wie schön. Dann finden Sie sicher auch, daß das die beste Lösung ist?«
»Ja, absolut die beste Lösung«, bestätigte ich.
»Man muß nur aufpassen, daß man es nicht öfter zur selben Person sagt, sonst wird es peinlich.«
»Richtig«, strahlte sie mich an. »Übrigens, Traller ist mein Name. Ich bin Literaturagentin, und wer sind Sie?«
Vor vier Wochen flog ich wegen eines Interviews nach London. Es mußte wie immer alles sehr schnell gehen. Trotzdem nahm ich mir die Zeit, mit der U-Bahn

nach Hampstead zu fahren und das alte Haus zu besuchen, in dem wir früher einmal zwei Jahre lang mit lauter netten Leuten gewohnt hatten. Es war wie immer: Ich bog in eine der verträumten Straßen mit den altmodischen roten Ziegelhäusern ein, die nach Norden führte, und kam irgendwo tief im Südwesten in einer mir gänzlich unbekannten Gegend heraus. Ich weiß nicht, warum sich logisch geplante Abkürzungen unter meinen Füßen grundsätzlich in gigantische Umwege verwandeln.

Vor allem in Hampstead. Jonathan meint, das habe mit meinem Ortsgedächtnis zu tun, und das sei angeboren, da könne man nichts machen.

Immerhin kam ich auf diese Weise an der Villa von Dr. Barleigh vorbei. Das war der liebenswürdige ungarische Zahnarzt, der vor Jahren besorgt in meinen Zähnen herumgestochert und mir mitgeteilt hatte, daß alle meine Porzellanfüllungen unbedingt durch Gold-Inlays ersetzt werden sollten.

»Was kostet das?« lallte ich weit geöffneten Mundes. Er nannte mir eine erstaunlich niedrige Summe. In Guineas natürlich. Das war damals, als sich England noch nicht dem europäischen Dezimalsystem angeschlossen hatte, in vornehmen Arztpraxen und Läden üblich. Glücklicherweise hatte mir Jonathan mit gewohnter Gründlichkeit die mathematischen Zusammenhänge zwischen Mark, Shilling, Pfund und Guinea auseinandergesetzt. Ich nickte meine

Zustimmung, und Dr. Barleigh begann zu bohren.
Leider hatte ich irgendeine entscheidende Kommastelle vergessen. Die vielen schönen Gold-Inlays kosteten nicht 60 Mark pro Stück, wie ich errechnet und Jonathan stolz verkündet hatte, sondern 600 Mark. Manchmal wünschte ich, Jonathan würde mir nicht alles sagen, was er weiß. Wenigstens nicht gleich.
Es war spät geworden in Hampstead. In zwei Stunden mußte ich den netten, wildgelockten Photographen treffen, der über den Leuten, die er photographieren sollte, immer so lange silberne und weiße Schirme aufspannt, bis diese zwar wunderbar ausgeleuchtet, aber völlig verkrampft und steif wie Holzpuppen ins Objektiv starren.
Ich werde ganz bestimmt pünktlich sein, nahm ich mir vor und hastete durch die Oxfordstreet zu »Selfridges«, dem riesigen Kaufhaus, in dem ich zwei Jahre lang Wäsche und Pullover für zwei rasch wachsende Söhne erstanden hatte. Ich streifte, von Erinnerung übermannt, durch die Modeabteilung im Parterre, wählte in rasender Eile ein paar Hosen, ein Kostüm und mehrere Blusen aus, probierte sie an, stellte fest, daß sie nicht paßten, sah auf die Uhr und stürzte hinaus auf die Straße.
Es hatte zu regnen begonnen. Ich öffnete meinen Schirm und rannte los. Da legte sich von hinten eine schwere Hand auf meine Schulter, und eine männ-

liche Stimme erkundigte sich, was ich mit den beiden Leinenhosen vorhätte. Ich blieb verwirrt stehen und fragte: »Welche Leinenhosen?«
»Diese hier«, sagte der Herr in korrektem Grau und deutete auf meinen linken angewinkelten Unterarm. Ich schaute ungläubig an mir herab. Tatsächlich – da hingen zwei Leinenhosen über meinem Arm. Eine braun, eine maisgelb, die Preisschilder gut sichtbar befestigt. Ich hatte vergessen, sie an den Ständer zurückzuhängen.
Die nächste halbe Stunde war ein Alptraum. Ich erklärte einem ernst blickenden Gremium würdevoller Damen und Herren in einer Sprache, von der ich dachte, ich beherrsche sie einigermaßen, daß ich keine Kaufhausdiebin sei, sondern eine, wenngleich etwas gestreßte und in großer Eile befindliche Journalistin, die gleich einen Londoner Kollegen treffen müsse. Ich nannte den ernsten Damen und Herren den Namen meiner Zeitung, von der sie nie gehört hatten, mein Hotel, die Abflugzeit meiner Maschine, meine heimische Adresse.
Sie nickten höflich und fanden, dies alles habe nichts damit zu tun, daß ich, wie jedermann sehen konnte, zwei Leinenhosen gestohlen habe.
»Aber die sind mir doch viel zu eng«, rief ich verzweifelt.
Das spiele erfahrungsgemäß bei Diebstählen dieser Art keine Rolle.

»Und warum sollte ich Hosen, die ich stehlen wollte, offen und ohne jede Tarnung durch die Oxford Street tragen?«
Dieses Argument war von so schlagender Logik, daß es jeden vernünftigen Menschen überzeugen mußte. Gestohlene Ware nicht zu verstecken sei ein neuerdings besonders häufig angewendeter Trick, erklärte man mir.
Ich weiß nicht mehr, wie es mir gelungen ist, die Direktion von Selfridges endlich doch noch davon zu überzeugen, daß ich keine Ladendiebin, sondern nur eine bedauernswert vergeßliche Person sei. Vermutlich hielten sie mich einfach für eine Wahnsinnige vom Festland und wollten sich Ärger ersparen.
Jonathan habe ich nichts davon erzählt. Er findet, mein Gedächtnis sei in letzter Zeit besser geworden. Ich hätte immer häufiger die Theaterkarten dabei, wenn wir uns in den Kammerspielen treffen. Statistisch gesehen überwögen die Fälle bereits, in denen ich *mit* anstatt *ohne* Reisepaß unterwegs sei.
Ich liebe Jonathan. Trotzdem fand ich überflüssig, was er vorgestern auf einer Party zu einem fremden Mann sagte. Er sagte: »Nehmen Sie's nicht tragisch, wenn meine Frau Sie nicht erkennt. Ich bin schon froh, wenn sie noch weiß, wer ich bin.«
»Gut«, erkläre ich abends, als er endlich die Kassette mit der zweiten Halbzeit Bayern München – Hamburger SV eingelegt hatte. »Dieser fremde Mann

neben dir, das war ein alter Kollege von mir aus frühen Tageszeitungsjahren. Gut, er hat fast alle Photos zu meinen Interviews gemacht, und wir sind ständig in einem alten, klapprigen Auto herumgefahren. Aber warum trägt er plötzlich einen weißen Stoppelbart und ein so seltsam loses Hemd? Da kann er einfach nicht erwarten, daß man draufkommt, wer er ist. Jedenfalls war deine Bemerkung, daß es ein Glücksfall sei, wenn ich dich wiedererkenne, ausgesprochen überflüssig und unfair.«
»Nimm's nicht so tragisch«, sagte Jonathan und legt den Arm um mich, während Thon wieder einmal ans Außennetz schießt. »Das war doch nur Spaß.«
»Klar«, erwidere ich und denke an einen Abend in Kitzbühel.
Jonathan und ich saßen angenehm ermattet im Auto und quälten uns vom Parkplatz am Hahnenkamm im Schneckentempo durch die Hauptstraße des Ortes. Es war fünf Uhr, Après-Ski-Zeit. In der »Tenne« drängten sich die Gäste auf der Glasveranda zum Tee, die bunten Giebel der Häuser leuchteten matt in der Abenddämmerung, die Autos standen Stoßstange an Stoßstange.
Kurz vor der Tordurchfahrt bei der Skischule sagte Jonathan: »Steig doch bitte schnell aus und schau, ob du noch eine Süddeutsche Zeitung kriegst.«
Jonathan kann auch im Urlaub nicht ohne seine Zeitung sein. Ich schlurfte in meinen schweren Skistie-

feln zwischen zwei Autos quer über die Straße zum Zeitungskiosk. Da standen noch ein paar andere Münchener Skifahrer, die eine Süddeutsche wollten. Schließlich bekam ich die letzte, bezahlte, klemmte sie unter den Arm, schlängelte mich wieder über die Straße, riß die Autotür auf, ließ mich auf den Beifahrersitz fallen, überflog die Schlagzeilen auf der ersten Seite und verhakte mich rechts unten in der Nachtkritik. Das Auto ruckelte zwanzig Zentimeter weiter.
»Also in die neue Dorn-Inszenierung in den Kammerspielen sollten wir bald reingehen«, schlug ich vor.
»Einverstanden«, sagte Jonathan.
»Das war übrigens die letzte Süddeutsche, die ich ergattert habe«, teilte ich ihm mit und versuchte umzublättern. »Wir haben wirklich Glück gehabt.«
»Das finde ich auch«, stimmte Jonathan zu und gab Gas und fuhr die nächsten zwanzig Zentimeter.
Aber es war gar nicht Jonathans Stimme, die das sagte. Und es war auch nicht Jonathan, der neben mir saß. Es war vielmehr ein mir völlig unbekannter Skifahrer, der bis über beide Ohren grinste. Ich hatte im Gedränge zwar ein blaues Auto erwischt, aber nicht unseres. Das steckte drei Stoßstangen weiter vorne im Stau.
Wie gut, daß Jonathan nicht alles weiß, denke ich und kraule ihm ein bißchen den Nacken.
War das komisch damals in Kitzbühel, denkt Jona-

than. Ich habe nicht für möglich gehalten, daß es so lange dauert, bis sie merkt, daß ich es nicht bin. Dann ruft er heftig: »Und Bayern wird doch Meister! Auch wenn der von Heesen noch ein Tor aus dem Abseits schießt und der Schiedsrichter nichts merkt, weil er offenbar blind ist.«
»Toll, wie der Manni Kaltz dieses Tor eingeleitet hat«, stelle ich fest.
Jonathan schaut vom Bildschirm weg und mich an. »Woher weißt du, daß das der Manni Kaltz war?« fragt er fassungslos.
»Keine Ahnung«, sage ich. »Er kam mir irgendwie bekannt vor.«

Leute mit leichtem Gepäck kommen
am besten durchs Leben.

JAKOB BOSSHART

Werner Finck

Ich bin ein Görlitzer

Wer in Berlin oder in Rom oder in Paris oder in New York – also eben in einer Weltstadt – zur Welt gekommen ist und dann, sei's auch gleich darauf, nach – sagen wir – Görlitz übersiedelt, wo er dann bleibt zeit seines Lebens bis zu seinem Tode, so einer wird, wenn er seine Vaterstadt auch niemals mehr wiedergesehen hat, dennoch immer ein Pariser oder Berliner – und so in diesem Sinne weiter – sein und bleiben; wenigstens in seinem Paß. Ihm wird der Weltruhm seiner Heimatstadt, solange er lebt, einen Schimmer von ihrem Glanz abgeben. Immer dann, wenn er eins der indiskreten Formulare der Behörden ausfüllt oder seinen Paß vorzeigt.
Umgekehrt geht es den in Görlitz zur Welt Gekommenen (»Welt?«, so fängt es gleich einmal an). So kann einer dann sofort nach Rio de Janeiro übersiedeln und dort bleiben, zeit seines Lebens; braucht nie wieder in seinem Leben in Görlitz gewesen zu sein; kann von »unserem« Rio oder »unserem« Paris sprechen –: sobald er aber ein Frageformular ausfüllen oder seinen Paß vorzeigen muß, ist es aus mit dem Nimbus des Weltstädters, der ihn eben noch umge-

ben hatte. Dann ist er Provinzler, Görlitzer, und dabei bleibt es bis an sein Ende. Erst der Grabstein kann den Nimbus dann wieder etwas auf- oder umgekehrt abwerten.
Das schließt nun durchaus nicht aus, daß Städte ohne Weltruhm nicht auch Weltberühmtes vorzuweisen hätten, wie – Görlitz seinen Jakob Böhme. Unnötig ihn vorzustellen. Ein Görlitz-Lobbyist sozusagen, der die Interessen seiner Vaterstadt im Sinne des Weltruhms vertritt: Überall in der Welt, wo man seinen unsterblichen Namen erwähnt, wird Görlitz mit erwähnt.
Jakob Böhme war ein Schuster. Mein Großvater übrigens auch. Mit einem Herrn Wilhelmy zusammen gründete er die Chemischen Werke Schuster und Wilhelmy. Der allgemein und namentlich in unserer Familie sehr beleibte, mit Doppel- und dreifachem Kinn ausgestattete Onkel Wilhelmy sah genauso aus, wie das, was man heute einen Kapitalisten nennt. Die Schuster- und Wilhelmyaktien (Schuwiak abgekürzt), ihre Hausse und Baisse beeinflußten die Zahl der traditionellen Dankestränen unserer »famillionären« (Heine) Silvesterfeiern. Um auf Jakob Böhme zurückzukommen: über seinen Denkmalskopf hinweg, mathematisch genau, verlief der soundsovielte Breitengrad unserer Erde. Oder war uns das damals nur so beigebracht worden? Denn gesehen hat ihn von uns kleinen Kindern nie-

mand. Auch bei klarstem und schönstem Wetter nicht.
Eine andere überragende Erscheinung, nur auf einer völlig anderen Ebene, ist die Görlitzer Landeskrone. Gelegentlich eines kleinen Erdbebens ist sie einmal ausgespuckt worden. Später haben dann fleißige Forst- und Gastwirtschaften aus diesem Auswurf der Erdheit ein beliebtes und berühmtes Ausflugsziel gemacht. Die stattliche Landeskrone nimmt sich allerdings wie ein Maulwurfshügel aus, verglichen mit der stolzen Schneekoppe, dem höchsten Berg Schlesiens, der hier wiederum gegen die Zugspitze, dem stolzesten Berg Deutschlands, klein erscheint.
Am schönsten zu sehen war die Schneekoppe vom Blockhaus aus. Das war ein bekanntes Ausflugslokal, besonders von Damenkränzchen bevorzugt. Unterhalb des Blockhausplateaus, vielleicht hundert Schritte tiefer, entlang einer schattigen Promenade – floß die mit bunten Kähnen bestückte Neiße, überbrückt von einem langen und schwindelnd hohen Viadukt für die Eisenbahn. Der Schwindel dabei war die altrömische Fassade.
Damals war die Neiße noch ein idyllisches Flüßchen. Heute ist sie zusammen mit der Oder ein gefährlicher Strom, ein Starkstrom in den Leitungen der Weltpolitik, dessen Berührung ängstlich vermieden wird.
Obwohl am Geländer des Blockhauses metallische

Tafeln angebracht waren, mit den eingravierten Namen der wichtigsten Berggipfel und entsprechenden Richtungspfeilen – es gibt eben doch mehr Begriffsstutzige, als man annehmen möchte: Deshalb wohl war auf dem Blockhausplateau zusätzlich ein richtungsweisender Reitersmann postiert. Mit kühn ausgestrecktem Arm machte der noch dem begriffsstutzigsten Spaziergänger klar: »Da vor dir, du Dummkopf, genau in der Verlängerung meines deutschen Zeigefingers, da liegt das schöne Riesengebirge. Siehst du's nun endlich?« Der Herr, der dieses Denkmal verkörperte, war – nicht nur weil er auf hohem Roß saß, ein hoher. Schon von Geburt ein Prinz: Friedrich Karl, wenn ich nicht irre, schlesisch ausgesprochen. Friedrich Kall. (»Sag mal einen Satz, in dem kein R vorkommt«, ermuntern die Auswärtigen die Einheimischen, und die Oberlausitzer antworten dann: »Mattel ging mit Kall in den Gatten«.)
Sehenswürdigkeiten, Statuen und Denkmäler als monumentale Gedächtnisstützen sind der besondere Stolz der Görlitzer: Sie sind es sicher auch heute noch, wenn auch die neuen Herren, pardon!, die neuen Genossen von Görlitz, aus dem kaisertreuen Klima ein linientreues gemacht und dementsprechend historisch materialistische Korrekturen vorgenommen haben werden. In der wundervollen Altstadt wird in dieser Hinsicht nicht viel zu machen gewesen sein, denn da treten hochherrschaftliche

Tendenzen kaum und fast nur begnadete Kunstwerke in Erscheinung. Voran die den Blick beherrschende uralte Peterskirche mit grünschillernder Patina – das Entzücken aller Maler – (dazu noch unverfälschte Gotik). Und das ebenfalls sehr alte Rathaus, vom Baedeker mit drei Sternchen nebst Ausrufungszeichen dekoriert. Bestandteil dieses Rathauses ist eine steinerne Justitia mit verbundenen Augen (so daß man nicht sehen kann, wenn sie mal eins zudrückt) und einer Waage. Schließlich noch Portal und Treppe. Seitenfüllende Erlebnisse für Kunsthistoriker.
So manche Geistesgröße in Lebensgröße sah von ihrem Sockel auf Knaben wie mich herab. Knaben – eben beim Schreiben dieses verstaubten Wortes fiel es mir auf: das Wort gehörte zum Vokabular jener Zeit. Als sie unterging, waren auch die Knaben verschwunden.
Praktisch angewandt hat man jenen Ausdruck feineren Bildungsvorkommens eigentlich selten. Bei Herrn Dresel hörten wir ihn öfters. Ein kleiner Herr mit tipptopp gewelltem graumeliertem Haarschopf und einem Pincenez. (Von welchem Pinzenez ich doch tatsächlich nicht mehr weiß, ob ich's richtig oder falsch geschrieben habe.) Auf alle Fälle biete ich hier zwei Schreibweisen an. Wie wir's in der Schule gemacht haben, wenn wir im Zweifel waren, wie ein Wort geschrieben wird. Herr Dresel also gebrauchte den Ausdruck regelmäßig, wenn Muttel ein Mäntel-

chen oder so etwas in seinem Konfektionsgeschäft am Obermarkt erwerben wollte (Er: »für Knaben?«). Der auffallendste Monumentalbau, Hauptstützpunkt des gesammelten vaterländischen, heimatlichen und Bürgerstolzes war die Ruhmeshalle jenseits der Neiße. Sie sieht so aus, wie sie heißt. Nicht ein bißchen anders. Hier waren das feierliche Pathos, die Würde, der Prunk, der Edel- und leider auch der Hochmut von tausend und mehr Jahren aufgebahrt und einbalsamiert. In dieser ruhmgeschwängerten und ehrfurchtgebietenden Halle – es hallte wirklich auf dem marmornen Boden des Vestibüls jeder Schritt! – wurden die mannesstolzesten Bürger von Görlitz zu kleinlauten respektvoll flüsternden Leisetretern. Ein herzliches Lachen in der Ruhmeshalle hätte den Tatbestand des Hausfriedensbruchs erfüllt. Deshalb wohl machte alles keinen rechten Spaß. (Da war das bei den Bänkelsängern auf dem Jahrmarkt unterhalb des Zuchthauses viel lustiger.)

Den Aufsichtsbeamten mit grüner Schirmmütze und grünem Uniformrock sah man die altgedienten Soldaten an. Sie hatten alle den gleichen Ausdruck untertänigsten Hochmuts. Sie gehörten zur Gilde der Pedelle, Gerichtsvollzieher und Parkwächter. (Parkuhren gab's damals noch keine.)

Auch ohne die dick geflochtenen Absperrseile mit den güldenen Quasten hätte niemand gewagt, anzufassen, was zu berühren verboten war.

War es nicht der fleißige damalige Direktor der Ruhmeshalle – Professor Feierabend (?), jener unermüdliche Archäologe –, der eines Tages eine sensationelle Ausgrabung gemacht hatte? Eine altrömische Vase! Sehr gut erhalten. Als er den kostbaren Fund mit aller Vorsicht ans Tageslicht gefördert hatte, soll sich ein Zettel darin befunden haben: »Dem hochverehrten Professor Feierabend von seinem dankbaren Gajus Julius Caesar.«
Was für ein Aufatmen, wenn der kleine Junge aus der großen Ruhmeshalle nach so viel Unnatürlichkeit wieder in die Natur trat, ins Freie. Je weiter er sich von ihr entfernte, um so kleiner wurde sie, bis sie schließlich so klein war wie er; noch kleiner (ätsch!).
Von weitem erinnerte die Ruhmeshalle an den Deutschen Reichstag. Wie überhaupt so vieles erinnerte. Es sei hier nur an den Portikus erinnert, der wiederum an das Brandenburger Tor erinnerte. Der Portikus, das waren drei oder vier klassische Säulen mit einem dreieckigen Sims. Durch dieses imposante Portal gelangten die Spaziergänger in den städtischen Park.
Boshafte Eingeweihte pochten manchmal mit dem Knöchel des gekrümmten Zeigefingers an diese Säulen, das klang dann hohl, wie so manches in der Stadt, weil das Portal nur aus Pappmaché war; das Überbleibsel einer großen Gewerbeausstellung.
So mußte die Erinnerung oft aushelfen, wo die eigene

künstlerische Phantasie sich nicht einstellen wollte. Die große Stadthalle jedoch diesseits der Neiße war ein eigener Einfall ihres Baumeisters. Das Bauwerk ist ihm sogar zweimal eingefallen. Zum zweiten Male kurz nach dem Richtfest. Das gab einen Skandal! Dann aber hielt die Stadthalle; nicht nur jeder Kritik stand, sondern auch ihr Versprechen, Mittelpunkt der über die Grenzen Schlesiens hinaus berühmt gewordenen »Görlitzer Musikfestspiele« zu werden und Dirigenten von internationalem Range anzulocken.
Die Stadt erinnerte sich auch gern ruhmvoller geschichtlicher Ereignisse. Welche Stadt nicht? An frühere Siege. Wie ist Sedan gefeiert worden! Schulfrei! Klar. Reden, Ansprachen, Schwarz, weiß, rot! Hurra! (An irgendwelchen Plätzen standen immer irgendwelche Kanonen, die irgendwo erbeutet worden waren.)
Schließlich erinnerte das Neißestädtchen auch an schwere Zeiten. Das tut es in einem Falle sogar stündlich und lautstark: durch den ehernen Mund des »Mönches«, wie ein Turm unweit des Gymnasiums am Klosterplatz genannt wird. Er ließ seine Glockenschläge immer sieben Minuten früher ertönen als die übrigen Turmuhren.
Es gibt eine historische Erklärung (oder ist es eine Legende?) für diesen eigenartigen Vorgang (der Uhr). Als nämlich die Schweden oder die Kaiser-

lichen die Stadt wieder einmal heimsuchten – oder alle beide – was öfters vorgekommen sein soll –, da sollen irgendwelche Leute rechtzeitig gewarnt worden sein von den Vor-schlägen, die der Mönch machte. Seitdem ist das ein Schlager der Oberlausitzer Heimatgeschichte geblieben.
In diesem Zusammenhang muß auch das Verrätergäßchen am Obermarkt genannt werden. Und auch der Kaisertrutz gegenüber der väterlichen Apotheke. Von dem uralten Kaiertrutz aus ist – nomen est omen – 1918 auch dem Kaiser Wilhelm getrotzt worden, als die Novemberrevolution nach Görlitz übergegriffen hatte.
So hat es in meiner Heimatstadt noch manche Eigentümlichkeit gegeben. Heute werden noch einige dazugekommen sein. Volkseigentümlichkeiten.
Was für eine glückliche Kindheit hätte man in dieser wirklich schönen und idyllischen Stadt verleben können, dem einstmaligen Eldorado pensionierter Offiziere und von ihren Renten lebender Rentiers (sie hatten so viel Würdiges in sich vereinigt, sehens-bewunderungs-merk- und ehr-Würdiges, daß das Liebenswürdige Mühe hatte, sich durchzusetzen). Hätte nur der deutsche Zeigefinger nicht überall und jederzeit gedroht, wären nur nicht die Tafelfreuden so üppig gewesen, die Verbotstafelfreudigkeit der Jahrhundertwende.
Ich hätte der Vollständigkeit halber gern noch ein

paar Schattenseiten gezeigt der sonnigen Stadt von damals – aber man wird verstehen: ich bin selbst ein Görlitzer und werde es, wie schon gesagt, bis an mein Ende bleiben. Und deshalb möchte ich dieses Nest (bitte, den Ausdruck nicht mißzuverstehen!) – deshalb möchte ich mein eigenes Nest nicht – als Finck habe ich ja einen legalen Anspruch auf den Ausdruck Nest –, oder sagen wir so: das Tadeln meiner kleiner Stadt überlasse ich den Söhnen der Weltstädte. Wir aus den kleinbürgerlichen Städten müssen zusammenhalten.

Nicht da ist man daheim,
wo man seinen Wohnsitz hat,
sondern wo man verstanden wird.

CHRISTIAN MORGENSTERN

Gabriel Laub

Leicht leichter werden

Schlank werden – heute ist das kein Problem. Es gibt so viele Schlankheitskuren, daß allein der Versuch, sie alle zu lesen, ausreicht, um im Schweiße seines Angesichts mindestens zehn Pfund abzunehmen. Allerdings: Die Lektüre aller jener Wunderkuren kann man jedem gesunden Dicken nur unter zwei Bedingungen empfehlen:

1. Der Patient muß am Anfang der Kur absolut ausgeruht sein; schwächere Naturen sollten lieber ein Beruhigungsmittel nehmen, um einem Nervenzusammenbruch oder leichteren Herzinfarkt vorzubeugen.
2. Man darf während des Lesens nicht naschen, ja man muß sogar auf die stärkende Flasche Kognak verzichten.

Eigentlich gibt es noch eine dritte Bedingung, die nämlich, daß man natürlich keiner jener Kuren blindlings folgen darf. Diese Bedingung braucht aber nicht ausdrücklich gestellt zu werden; denn wenn jemand auch nur drei Diätvorschriften nacheinander durchstudiert hat, kommt er kaum noch in die Versuchung, auch nur eine wirklich auszuprobieren.

Alle Diätkuren haben eines gemeinsam: Jede ist die einzig richtige, die einzig wissenschaftliche, die einzig wirksame. Ansonsten unterscheiden sie sich voneinander wie Krimis, die über immer phantasiereichere Umwege zum verbindlichen Happy-End führen. Da gibt es Diäten, die nur aus Obst bestehen, nur aus Wasser oder aus Kartoffeln, und andererseits gibt es Diäten, die Obst oder Kartoffeln strengstens verbieten und Wasser auf ein Minimum begrenzen. Im allgemeinen wird Fett radikal abgelehnt, es gibt aber auch Schlankheitskuren, die als einzige Nahrung Speck und andere Fette empfehlen. Viele Rezepte verbieten Alkohol, seines Kaloriengehalts wegen, andere dagegen bieten eine Weinkur.
Nach eingehendem Studium der Schlankheitskurvorschriften muß der Leser – je nach seiner Lebenseinstellung – zu einem dieser zwei Schlüsse kommen: Der Optimist findet, daß man alles essen darf, der Pessimist dagegen, daß jeder Bissen und jeder Schluck lebensgefährlich sind. Ein konsequenter Schwarzseher müßte also unverzüglich Selbstmord begehen, um dem langsamen Hunger- oder Fettsuchttod zu entgehen. Wer sich selbst jedoch in gewissem Maß liberal und mit Nachsehen behandelt, kann sich mit den Schlankheitskuren bequem arrangieren. Er muß nur ein bißchen kombinieren, so wie ich es tue. Ich nehme aus einer Diät den Fisch, aus der zweiten das Steak, aus der dritten ein paar Kar-

toffeln dazu, aus der vierten ein Fläschchen Wein, ein wenig Obst aus der fünften. Und es geht mir ganz gut dabei.
Ich nehme zwar nicht ab, das ist wahr. Das Abnehmen hat aber auch gar keinen Zweck, weil man nach Beendigung einer Schlankheitskur immer wieder schnell auf sein Gewicht zurückkommt. Mir scheint sogar, daß je strenger und wirksamer die Diät ist, um so schneller wird man wieder dick, weil man sich mit größerem Appetit auf das Essen stürzt. Die ehrlichen Schlankheitskurenverfasser geben diese Rückfälligkeit auch zu. Wozu aber braucht man eigentlich das ganze anstrengende Hin und Her?
Ein Arzt sagte mir neulich, Essen sei nur eine Gewohnheit. Mag sein. Aber erstens ist es meiner Meinung nach eine gute Gewohnheit; zweitens eine sehr starke, und es ist verdammt schwer, sie aufzugeben. Versuche in dieser Richtung unternimmt man schon seit Jahrtausenden. Und die Ergebnisse sind nicht sehr ermunternd. Im vorigen Jahrhundert wurde ein Droschkenkutscher dadurch berühmt, daß er seinem Gaul das Fressen abgewöhnen wollte; es wäre ihm auch beinahe gelungen, wenn das Tier nicht gestorben wäre.
Das Verfassen von Schlankheitskuren hat zu einer eigenartigen Literaturgattung geführt. Es entstand ein Gemisch von Science-fiction, parodistischem Humor und Moralpredigt.

Eine Sammlung dieser Werke bietet ein ausgezeichnetes Forschungsmaterial zum literaturwissenschaftlichen und psychologischen Testen der Verfasser. Schon die Titel sind bezeichnend: Sachliche Autoren bieten schlicht eine »1200-Kalorien-Diät«, Zöglinge der Illustriertenschule eine »Neue-Hollywood-Kur«, Werbetexter verschiedene »Wunderkuren«, Literaten mit Sympathien für Science-fiction eine »Astronauten-Diät«, asketische Menschenverbesserer die »Null-Diät«.

Es gibt unter den Schlankheitspropheten liebevoll nachsichtige Autoren, die den menschlichen Schwächen für gutes Essen und Trinken entgegenkommen. Eine Kur lief sogar unter dem Motto: »Essen Sie, was Sie wollen, nur in der richtigen Reihenfolge.« Es gibt Menschenverächter, die den Gerneschlanken etwas ganz Beliebiges, aber nicht Schmackhaftes – seien es Kartoffeln oder Magerquark – servieren; es gibt strenge Erzieher, die fast alles außer Wasser verbieten. Man muß zugeben, daß letztere am meisten Logik zeigen. Wahrscheinlich hungern sie selber nicht.

Jeden Schreibenden lockt es, sich in einem neuen Genre zu versuchen. So habe ich versucht, eine eigene Schlankheitskur zusammenzustellen. Meine »Jet-Set-Kur« dauert einen Monat und garantiert einen Gewichtsverlust von acht bis zwölf Pfund:

1. Tag: Frühstück: Kaviar »Malossol«, 200 g, 1 Glas Chablis 1870.
Mittag: Trüffelpastete, Schwalbennestsuppe, 200 g Bisonzunge in Madeira; Zulage: junge Batatos, Ingwerkompott, Armagnac, Jahrgang 1898.
Abends: Nur Lachs und Kaviar in beliebiger Menge.
2. Tag: Frühstück: 2 Dutzend Austern, mit Perlen, 1 Glas Jaffa-Orangensaft von frisch gepflückten Früchten, mit Alaska-Eis, nicht konserviert.
Mittag: Frische Rote-Meer-Krevetten aus Eilat, auf Butter gebacken, Potage d'or, 1 dreitägiges Karakullamm mit Safran und jungem kaukasischem Knoblauch, Beaujolais 1920.
Abends: Nur Lachs und Kaviar in beliebiger Menge.
3. Tag: Frühstück: 1 gekochtes frisches Straußenei, Burgunder, Jahrgang 1911.
Mittag: Haifischflossen, gesotten, afrikanische Schildkrötensuppe, Bergfasan á la »Pamir«, Moosbeerengelee, guter Rheinwein, mindestens vierzig Jahre alt.

Abends: Nur Lachs und Kaviar in beliebiger Menge.

4. Tag: Frühstück: 2 Tortillas, 100 g Bärenschinken, 50 g Lotosfrüchtejam, 1 Glas ganz frische Himalaja Yak-Milch.

Mittag: Nachtigallenzungenpastete, Forellensuppe, Hummer, Rote Grütze, Pilsner Urquell vom Faß.

Abends: Nur Lachs und Kaviar in beliebiger Menge.

Dieses viertägige Menü wiederholt man zweimal im Monat, wobei auch kleine Abwechslungen möglich sind. Die übrigen zweiundzwanzig oder dreiundzwanzig Tage des Monats kann man essen, was man will – unter der Bedingung, daß man es von dem Geld bezahlt, das von dem normalen Haushaltsgeld geblieben ist.

Meine »Jet-Set-Kur« verbindet die angenehmen Seiten der milden Schlankheitskuren mit der Wirksamkeit der drastischen. Wer nach dieser Kur nicht abnimmt, kann sich selber eine andere schreiben. Irgendwer wird's schon drucken.

Gustav Meyrink

Izzi Pizzi

Die letzte Sehenswürdigkeit, die ich auf einer Gesellschaftsreise zu mir nahm, war das »goldene Dachl« in Innsbruck gewesen. Seitdem habe ich bei Vishnu geschworen, nichts dergleichen mehr zu besichtigen.

Ich gebe lieber ganz offen zu, daß ich ein durch und durch verkommener Mensch bin, der kein Interesse an den Dingen hat, die die Nation mit Stolz erfüllen – den selbst die erbeutetsten Kanonen langweilen und dessen Herz auch beim Anblick der Spitzenbinden Klothildes der Keuschen ganz gewiß nicht höher schlägt.

So ein Kerl wie ich weiß nichts Besseres zu tun, als auf einer Reise in den Straßen herumzubummeln, Leute zu betrachten, stundenlang auf dem Tandelmarkt zu stehen oder in Schaufenster zu gucken. – So hatte auch ich es wieder einmal den ganzen Tag getrieben, und als der Abend kam, zog ich meinen Kompaß aus der Tasche und schlug jene Richtung ein, die am schnellsten und sichersten weg von dem Theater der Stadt führt.

Ein zweites Theater gab es bestimmt nicht, das hatte

mir ein Polizeimann auf Ehrenwort versichert, und so war ich denn ganz beruhigt.
Nicht lange, und ich studierte das auffallendste Plakat der »Wiener Orpheum-Gesellschaft« beim Schein der darüberhängenden roten Laterne:
»Izzi Pizzi, die reizende jugendliche Chansonette, genannt der ›Stolz von Hernals‹, debutiert heute abermals«, so las ich, schlug an meine Brust, ob ich meine Brieftasche auch ganz sicher bei mir habe, und betrat mit dem entschlossenen Schritte des Wüstlings das »Schwarze Roß«. So wurde das Lokal genannt – offenbar nach dem bärtigen Besitzer, der mir eine Glastür wies.
Ein langes, schmales Zimmer, gesteckt voll. Ich setze mich an jenen Tisch, der mit »reserviert« bezeichnet ist und daher dem Kenner sofort verrät, daß hier nur Wüstlinge sitzen dürfen.
Soeben betritt Izzi Pizzi das Podium und singt das herrliche Lied: »Ja, mir von Lerchenfeld, mir san hussarisch g'stellt.« – Bei dem Worte Lerchenfeld produziert sie jedesmal eine Armbewegung von unnachahmlicher Grazie, tritt mit dem linken Fuß zurück und stellt ihn auf die Spitze. – Die oder keine, flüstert mir mein pochendes Herz zu.
Ich rufe den Zahlkellner, zücke einen Silbergulden und lade die Schöne zum Souper.
– Halb zwölf Uhr, und die Vorstellung wird gleich zu Ende sein.

Etelka Horvath, ein schwarzes Ungarmädel, schlank wie eine Gerte, stampft noch die Schlußakte eines wunderschönen ixbeinigen Csardas und heult ä und ö dabei –

»Die Dame wird sofort erscheinen«, meldet der Kellner. Ich setze den Hut auf, lasse meinen Überzieher im Stich und gehe über den Hof ins Chambre »separeé«.

Es ist bereits gedeckt.

Für drei Personen? – Aha, der blödsinnige Trick mit der Gardedame! –

Und dann viererlei Gläser! Pfui Teufel! – Was kann man dagegen tun? – Ich versinke in dumpfes Brüten.

Ein rettender Gedanke: »Sie, Oberkellner, schicken Sie sofort zu Franz Maader, Weinhandlung in der Eisengasse, um eine große Steinflasche Otschischciena, verstehen Sie? Otschischciena – O-tschischciena!«

Ein Geräusch an der Tür! Ein fraisefarbener Mantel mit wabernden blonden Federn und einem blauen Mühlstein tritt ein. – Ich mache drei Schritte auf das Phantom zu und verbeuge mich ernst und feierlich.

»Izzi Pizzi«, stellt sich der Mantel zuerst vor.

»Baron Semper Saltomortale vom Vorgebirge Athos«, erwidere ich ruhig und würdevoll.

Zwei blaue, große Augen schauen mich mißtrauisch an. – Ich reiche der Dame den Arm und führe sie zu Tisch.

Was ist denn das?! Ein schwarzer Seidenklumpen mit

Schmelztropfen sitzt bereits dort? – Ich reiße die Augen auf: Teufel! Bin ich verrückt geworden? Oder war die Alte am Ende im Klavier versteckt gewesen? Ich schiebe der Schönen den Sessel unter.
Er ist wirklich ein Ausländer, denkt sie.
»Meine Erzieherin«, stellt sie die Alte vor, »Sie gestatten doch.«
Der Kellner kommt herein, ich stürze ihm entgegen und stelle ihn noch an der Tür: »Sie, ich zahle weder Schusterrechnungen noch etwaige gestrige Zechen – und dann: die Krachmandeln ohne Schale, verstanden – daß mir keine Vielliebchen darunter sind, überhaupt ...«
Der Kellner zwinkert verständnisvoll mit dem rechten Auge, – ich drücke ihm ein Trinkgeld in die Hand, wie es sonst nur regierende Herzöge bekommen.
»Und den Stock hängen Sie mir auch her«, setze ich laut hinzu, damit die Damen keinen Verdacht schöpfen.
Izzi Pizzi bestellt selbst: »Zuerst bringen S' Kaviar – bringen S' gleich die ganze Blechbüchs'n, damit man nöt immer klingeln muß ...«
»Kaviar ist sehr gesund«, wendet sie sich zu mir und wirft mir einen Glutblick zu.
»In meiner Heimat trägt sogar jeder Gentleman eine Zitrone bei sich«, füge ich verständnisinnig hinzu.
»Der Kaviar ist leider ausgegangen, vielleicht Ölsardinen gefällig?« sagt der Kellner.

Izzi Pizzi fährt auf: »Aber draußen steht doch noch eine ganze Büchse voll!«
»Da ist Schrot drin, Fräulein«, erwidert der Wackere, eingedenk des erhaltenen Trinkgeldes.
»Also Krebse – zwölf Stück!«
»Izzi ist ein seltener Vorname«, sage ich zu ihr, als sie mit dem Bestellen endlich fertig ist.
»Izzi ist nur mein Bühnenname, eigentlich heiße ich Ida. – ›So eine wie d'Ida war noch nie da‹.«
»Geistreich, wie alle Wienerinnen, mein Fräulein.«
»Das sagt der Graf auch immer, nöt wahr, Izzi?« wirft die Alte mit süßlicher Miene dazwischen.
»Der Graf, der immer so eifersüchtig ist?« frage ich.
»Sie wissen …?«
»Grafen sind immer eifersüchtig«, ist meine Antwort.
Ich behandle die Chansonette wie eine grande dame und lege noch nie gesehene exotische Manieren an den Tag.
Der Alten tritt bereits der Schweiß auf die Stirn – von dem ewigen verbindlichen Lächeln.
Izzi heuchelt verhaltene Glut und hängt rachsüchtig im Geist an die Zahl, die sie in Verbindung mit meinem Portemonnaie im Gedanken trägt, eine Null an.
»Multiplizieren Sie sie mit fünf«, fahre ich unvermittelt heraus. –
Entsetzt zuckt die Kleine zusammen: »Wie kommen Sie darauf? Was sagen Sie da?«
Kann er Gedanken lesen? denkt sie.

Die Gardedame glotzt mich stier an und scheint zu glauben, ich sei verrückt geworden.
Ich sinne nach irgendeiner unklaren Antwort, da bringt der Kellner die Krebse.
Die beiden »Damen« warten verlegen auf mich, was ich wohl Seltsames mit den Krebsen beginnen werde.
Ich lasse sie warten und putze sorgsam mein Monokel.
Die Alte hüstelt und rückt an ihrem Schmelzskalp.
Die Junge nestelt an ihrer Bluse.
Endlich erbarme ich mich, blicke schmerzlich auf meine Fingernägel, nehme einen Krebs und wickle ihn in meine Serviette, die ich sodann vor mich auf den Tisch lege. –
Izzi hat es mir bereits nachgemacht, nur die Alte traut sich noch nicht recht.
Dann schlage ich mit der Faust kräftig darauf und wickle den zertrümmerten Krebs wieder aus.
Die Alte ist starr vor Staunen. »Krebsflecken gehen nicht aus der Wäsche«, fährt es ihr heraus.
»Kusch«, murmelt halblaut die Junge und gibt ihr einen Fußtritt unter dem Tisch.
In meinem Herzen jubelt die Hölle.
»Der Rheinwein war sauer, und der Burgunder hat an Stich g'habt«, hat die kleine Ida gesagt, ganz glücklich, daß das dumme Essen vorbei und mit ihm die Gelegenheit, sich arg zu blamieren.

Die Alte hat nur geknabbert.
Siehst du, alte Bestie, denke ich mir, hättest du Mythologie studiert, so wüßtest du jetzt, was der gottselige Tantalus damals ausgestanden hat!
Aber jetzt kommt der Sekt, du dummer Fex, und trinken kann jeder, wie er will, da gibt's keine Arabesken, denkt sich die Alte und wirft mir einen grünen Blick zu.
»Kühlen Sie vorläufig nur eine Flasche Pommery, goût américain, Kellner; wir werden dann zu einer anderen Marke schreiten, und jetzt entkorken Sie mal den Steinkrug da und bringen Sie zwei mittelgroße Wassergläser dazu – eines für die gnädige Frau! – Ihnen, mein Fräulein, wage ich nicht anzubieten«, wende ich mich zu Izzi, »es erhitzt das Blut ein wenig.«
»Was ist denn drin?« fragt die Kleine neugierig.
»Otschischciena – Tischwein auf deutsch, ein russischer Labetrunk, den wir immer vor dem Champagner nehmen – Damen und Herren –, sieht genau aus wie gewöhnliches Wasser – Sie sehen«, sage ich und schenke das Glas der Alten voll.
Das meinige fülle ich unbemerkt mit wirklichem Trinkwasser.
»Man muß das ganze Glas auf einen Ruck hinunterstürzen, sonst leidet der Geschmack darunter; ich werde mir erlauben, es Ihnen vorzumachen, gnädige Frau – sehen Sie, so …«
Ich weiß nicht, woraus Otschischciena gemacht wird,

ich weiß auch nicht, ob der Erfinder dieses Getränkes überhaupt ein lebender Mensch war, ich weiß nur eines: rauchende Salpetersäure ist lauwarmes Weihwasser dagegen.
Ein Gefühl des Mitleides beschlich mich, wie ich sah, daß die alte Frau das volle Glas wirklich so hinunterstürzte.
Selbst Chingachgook, der große Häuptling der Mohikaner, wäre tot zusammengebrochen.
Die Gardedame aber verzog keine Miene, sie hatte die Augen niedergeschlagen und griff nach ihrer Frisur.
Sie wird jetzt eine lange Hutnadel hervorziehen und sie mir ins Herz bohren, denke ich mir. Doch nichts Ähnliches geschieht. Die Alte schaut mir voll ins Gesicht mit dankbarem Blick: »Wirklich ausgezeichnet, Herr Baron.«
»Ich möchte auch einmal kosten«, lispelt Izzi und macht einen kleinen Schluck.
Dann fischt sie ein hineingefallenes Insekt aus dem Glas und trällert so gewiß: »Die Flieg'n kommt mir spanisch vor, spanisch vor, spanisch vor.«
Ich lasse mich aber nicht aus der Rolle bringen und bleibe so konventionell wie zuvor.
Als Izzis Knie das meine drückt, sage ich Pardon und werfe einen scheuen Blick auf die »Erzieherin«. Das wird der Kleinen zu dumm, und sie schickt die Alte endlich ärgerlich schlafen.

Ich lege der Gnädigen den Steinkrug an die Brust und wünsche ihr eine recht geruhsame Nacht.
Also jetzt werden sie der Reihe nach kommen, die alten bekannten Geschichten: Daß es Ida auch nicht an der Wiege gesungen worden war, und so; daß sie sich einem Kavalier hingab, nur um ihres Bruders Spielschulden zu decken. Die Alte, die eben ging, stamme noch aus der Zeit, als sie selbst, noch ein Wildfang, sich auf den herrschaftlichen Gütern ihres Vaters herumgetummelt; eine alte treue Dienerin! – Und wie sie den Grafen hasse, der sie so eifersüchtig bewacht, – nur ein paar Gulden in der Hand, um einige kleine Schulden: Schusterrechnung und dergleichen, zu bezahlen, die sie zu stolz ist, ihm einzugestehen – und sie würde ihm auf der Stelle den Laufpaß geben. – Und dann die Kolleginnen! – Ach Gott, schamlose Dinger – besser, gar nicht davon zu reden! –
Ich sehe Izzi forschend an. – Richtig, sie hat ein ernstes Gesicht aufgesetzt und macht bereits Märchenaugen.
»Etelka Horvath ist heute abend das letztemal aufgetreten, das Publikum hat schon gezischt«, beginnt sie.
Aha, denke ich mir, Abwechslung macht das Leben erst schön; die fängt einmal von hinten an.
»Heute schläft sie schon drüben im Hotel Bavaria, die – die – na – die Ungarin. – Ich selbst wohne hier im Hause, im Schwarzen Roß, oben im ersten Stock. – Von sieben Uhr abends darf ich weder ausgehen

noch auch Besuche auf meinem Zimmer empfangen. Der Graf ist ein elender Tyrann«, fährt sie fort.
»Und dann ist es obendrein Polizeivorschrift«, werfe ich träumerisch ein.
»Auch das«, gibt sie verlegen zu, »aber von 9 Uhr früh an kann man mich besuchen, – bis 12 Uhr liege ich im Bett!«
Pause.
Mein Fuß streift den ihren.
Sie lehnt sich zurück, sieht mich durch halbgeschlossene Lider an, knirscht mit den Zähnen und beginnt hastig zu atmen.
Ich reiße sofort den Federmantel von der Wand und lege ihn um ihre Schultern: »Sie müssen sich schlafen legen, liebes Kind, Sie fiebern ja förmlich!«
Wir gehen über den Hof zurück zum Stiegenhaus. Beim Portier bleibt Izzi zum Abschied stehen: »Gehen Sie schon nach Hause oder noch ins Café, Baron?«
»Ich muß morgen zeitig aufstehen und gleich um neun Uhr einen Besuch machen«, antworte ich und schaue ihr tief in die Augen; »ich habe heute abend mein Herz verloren, aber werden Sie auch ganz bestimmt nichts verraten?«
Die Kleine schüttelte unsicher den blauen Sammetmühlstein.
»Dann will ich es Ihnen anvertrauen: Ich bin ganz weg in die süße Etelka, Ihre reizende Kollegin.«

Izzi fegt die Treppe hinauf, ich aber stehe seelenvergnügt und pfeife mir eins:

»Denn die Rose –
Und das Mädchen –
Will betro-gen –
Sein.«

Was manche Leute
sich selber vormachen,
das macht ihnen
so schnell keiner nach.

GERD UHLENBRUCK

Hugo Wiener

Meine Frau bewahrt ein Geheimnis

In einem gewissen Alter ist Reden Silber, Zuhören Gold und Schweigen Platin ...

Es ist ein Irrtum zu behaupten, daß Frauen kein Geheimnis bewahren können. Mein Freund Kahn z. B. weiß bis heute nicht, wie alt seine Frau ist. Dabei sind sie seit zwanzig Jahren miteinander verheiratet und haben drei Kinder. Wenn man ihr glauben darf, ist sie so jung, daß ihr ältester Sohn zwei Jahre alt war, als sie zur Welt kam. Anders meine Frau. Sie macht kein Hehl aus ihrem Alter. Sie sagt jedem, daß sie 39 wird – sie sagt nur nicht wann. Und daß sie Geheimnisse bei sich behalten kann – das ist bekannt.

Die folgende Geschichte besteht aus einem Gespräch zwischen meiner Frau und mir. Da ich Ihnen, lieber Leser, und Ihnen, geneigte Leserin, das oftmalige »sagte sie« und »sagte ich« ersparen will, habe ich es in Dialogform wie ein Theaterstück geschrieben. Wie Goethe und Schiller geschrieben haben, wie Bauer und Handke schreiben. Bauer und Handke kennen Sie, Goethe war der, der den »Faust« geschrieben hat, Schiller war der andere. Schiller war der von dem »Lied von der Glocke«.

Dies zum besseren Verständnis. Es ist acht Uhr abends.

Ich: (komme nach Hause)
Guten Abend, Schatz!
Sie: Guten Abend.
Ich: Was hast du?
Sie: Was habe ich?
Ich: Du bist so sonderbar.
Sie: Möglich. Ich war in Gedanken versunken.
Ich: Du? Warum?
Sie: Kitty war hier. Sie hat mir etwas anvertraut.
Ich: Was?
Sie: Das darf ich nicht weitersagen. Sie hat mich ausdrücklich darum gebeten.
Ich: Verzeih, das wußte ich nicht.
Sie: Was wußtest du nicht?
Ich: Daß Kitty dir etwas anvertraut hat, was du nicht weitersagen darfst. Ich hätte sonst nicht danach gefragt. (Ich nehme die Zeitung. Das hat sie nicht erwartet.)
Sie: (beeilt sich)
Es ist gar nicht so interessant.
Ich: Um so besser.
Sie: Warum?
Ich: Weil du es leichter für dich behalten kannst, wenn es nicht interessant ist.
Sie: Ich habe nicht gesagt, daß es nicht interessant

ist – ich habe gesagt, daß es *gar* nicht so interessant ist.

Ich: Für mich wäre es nicht einmal interessant, wenn es interessant wäre, weil mich Kittys Geheimnisse nicht interessieren.

Sie: (pikiert)
Plötzlich. Ich erinnere mich an eine Zeit, in der du jeden Tag nach ihr gefragt hast.

Ich: Aber nicht nach ihren Geheimnissen. (Ich blättere um) Hast du gelesen? Der König von Spanien kommt auf Staatsbesuch.

Sie: Das interessiert dich, aber die Geheimnisse meiner besten Freundin sind dir schnuppe.

Ich: Sie sind mir nicht schnuppe. Du hast mir erzählt, daß dir Kitty ein Geheimnis anvertraut hat, mit der Bitte, es nicht weiterzusagen. Das wollte ich dir erleichtern.

Sie: Inwiefern?

Ich: Insofern, als ich dich nicht danach gefragt habe.

Sie: Und du glaubst, ich hätte es dir verraten, wenn du mich danach gefragt hättest?

Ich: Vielleicht.

Sie: Da bist du aber sehr im Irrtum. Ich kann ein Geheimnis, das man mir anvertraut, mit ins Grab nehmen.

Ich: Das weiß ich.

Sie: (überlegt)
Ich *muß* es natürlich nicht mit ins Grab nehmen.

Möglicherweise hat Kitty gar nicht an *dich* gedacht, als sie sagte, daß ich es nicht weitersagen soll.

Ich: Möglicherweise.

Sie: Schließlich kannst du doch schweigen.

Ich: Das kann ich. Trotzdem möchte ich Kittys Geheimnis nicht wissen. Das Risiko ist mir zu groß. Ich könnte mich versprechen, ich könnte es ausplaudern, auf einmal weiß es Robinson, Wimmer, Mario …

Sie: (erschrickt)

Um Gottes willen! Nur Mario nicht! Versprich mir, daß du es ihm nicht sagst!

Ich: Ich *weiß* es doch gar nicht! (Ich lese weiter) Die Königin wird ihn begleiten.

Sie: Wen?

Ich: Den König von Spanien.

Sie: (gereizt)

Hör mir mit dem König von Spanien auf! Du siehst, daß ich mich in einem Dilemma befinde! (Sie überlegt) Das heißt – wenn du darauf bestehst, könnte ich es dir ja sagen.

Ich: (ebenfalls gereizt)

Ich bestehe nicht darauf – ich will mich damit gar nicht belasten.

Sie: Durch Mario hat sie ihn nämlich kennengelernt.

Ich: Wen?

Sie: Holzmann.

Ich: (horche auf)

Holzmann? Was ist mit Holzmann? Haben die beiden vielleicht miteinander –?

Sie: Nichts haben sie. Holzmann ist heute abend nach Hause gekommen. (Wütend) Man kann dir nichts verschweigen!

Ich: Na hörst du! Daß Holzmann heute abend nach Hause gekommen ist – das kann doch nicht so ein Geheimnis sein.

Sie: Er ist ja auch nicht gewöhnlich nach Hause gekommen.

Ich: Wie denn?

Sie: Unvermutet.

Ich: (beginne, mich zu interessieren)
Und?

Sie: Mehr sage ich nicht.

Ich: Jetzt, wo du einmal damit begonnen hast, kannst du doch weitererzählen.

Sie: Ich habe Kitty mein Wort gegeben.

Ich: (heftig)
Kitty! Immer wieder Kitty! Wen hast du geheiratet? Kitty oder mich? Also? Was darfst du nicht sagen?

Sie: Du bist ekelhaft neugierig.

Ich: Ich bin nicht neugierig, aber ich begreife dich nicht; zuerst versuchst du mir ein Geheimnis aufzudrängen, von dem ich nichts wissen will, und jetzt, wo es anfängt, mich zu interessieren, jetzt schweigst du.

Sie: (unglücklich)
Ich habe es Kitty versprochen.

Ich: Okay, dann laß mich lesen! (Ich lese) Das spanische Königspaar wird auch Bonn besuchen.

Sie: (schreit)
Du machst mich wahnsinnig mit deinem langweiligen spanischen Königspaar!

Ich: (schreie ebenfalls)
Und du machst mich wahnsinnig mit deinem lächerlichen Geheimnis!

Sie: Mein Geheimnis ist nicht lächerlich!

Ich: Und mein spanisches Königspaar ist nicht langweilig! Im Gegenteil! Das ist sogar sehr lustig! Was *denn* ist dein Geheimnis, wenn nicht lächerlich? Du sagst, Holzmann ist unvermutet nach Hause gekommen. Schön. Was kann schon passiert sein? Er hat Alice, sein treues Ehegemahl, nicht vorgefunden.

Sie: Wenn es nur *das* wäre …

Ich: Er *hat* sie also vorgefunden, und zwar mit einem andern. Und wo? Im Bett.

Sie: (fährt auf)
Woher weißt du das?

Ich: Ich weiß es nicht, ich folgere Schluß. Die drei stehen also einander gegenüber – das heißt, die zwei liegen, nur Holzmann steht ihnen gegenüber – er gibt seinem Rivalen eine Ohrfeige, es entsteht eine Schlägerei – –

Sie: Das ist eben nicht sicher. Kitty hat bloß den Schuß gehört.

Ich: (starr)
Schuß?!?

Sie: Schüsse.

Ich. Zwei?!?

Sie: Drei. Holzmann hat zuerst Alice erschossen, dann ihren Freund und dann sich selbst.

Ich: Entsetzlich! Und das willst du als Geheimnis bewahren? Das steht doch morgen in allen Zeitungen.

Sie: Morgen. Eben. Heute wußten es nur die Polizei, Kitty und ich. Nicht einmal in den Abendnachrichten war es. Morgen hätte ich sagen können: ›*Ich* habe es schon gestern gewußt!‹ Vera, Mela – alle hätten mich darum beneidet. Auch du! Ja – auch du! Aber vor dir darf man ja nichts geheimhalten! Du hast mir so lange zugesetzt, hast gefragt und gefragt –bis ich dir alles erzählt habe! Du Schuft! (Sie verläßt tiefbeleidigt das Zimmer)

(Ich bleibe zurück. Die Sache geht mir näher, als ich gedacht hätte. Nicht nur, daß Holzmann und Alice zu unseren Freunden zählten – es gab da noch etwas. Wäre Holzmann *gestern* unvermutet nach Hause gekommen, hätte er *mich* bei Alice gefunden!)

Meine Frau erzählt Geheimnisse nicht gern weiter – aber was soll sie damit anfangen?

Elisabeth Castonier

Nora

Sie kommt etwas häufig, beladen mit zwei großen, bunten Henkelkörben, in denen Wäscheklammern und Kleiderbügel liegen, gekleidet wie »Carmen«, mit buntem Schal, goldenen Ohrgehängen und einer dicken Goldkette um den schönen braunen Hals. Sie bringt stets ein paar Kinder mit, für die sie ein Stückchen Kuchen erbettelt.

Sie ist eine echte Zigeunerin, eine Romani, wie sie stolz sagt, und lebt mit einer zahlreichen Familie, Kindern, Verwandten, ihrem Mann und einem Landstreicher, der sich ihnen zugesellt hat, in vier Wohnwagen auf der Lichtung des nahen Waldes. Als die älteste Frau, das Oberhaupt dieser kleinen Gemeinschaft, starb, wurde ihr Wohnwagen nebst allem Inventar verbrannt und das Zugpferd erschossen, weil es jahrhundertealte Tradition so haben will. – Einmal erschien Nora bestürzend wohlgerundet und bat eindringlich, ihr doch recht viel Klammern und Bügel abzukaufen – oder Häkelspitze, »weil wieder ein Kleines unterwegs ist«.

Jane hatte ihre Rundung aufmerksam betrachtet und bemerkt, sie wäre zwar keine Hebamme, aber irgend etwas stimme anatomisch nicht ganz bei Nora. – Als sie nun eines Tages auf ihrem Hausiergang ausgerechnet vor Postamt und Krämerladen und vor aller Augen ein ovales, weißrot gestreiftes Kissen verlor und schlank wie ein junges Mädchen dastand, sagte Jane bloß:

»Sie hätte die Schwangerschaft besser anstecken sollen.«

Und Nora, die eben noch eindringlich beim Krämer gebeten hatte, man möge ihre Waren kaufen, weil sie Wäsche für ihr neues Kleines brauche, sagte bedauernd:

»Schade – es hat beim Geschäft geholfen. Unsereiner muß sehn, wie er sich durchschlägt.«

Sie kommt jetzt ohne Kissenunterlage, stets aber mit mehreren Kindern, die sie etwas unbestimmt teils als die eigenen, teils als die von ihren Kusinen ausgibt. Nora spricht gern von ihrer zahlreichen Familie, deren männliche Mitglieder Gelegenheitsarbeiten verrichten, während die Frauen Klammern und Bügel anfertigen und häkeln. Sie berichtet auch, daß sie drei Großmütter hätte. Näher darüber befragt, sagt sie bloß, es wäre eben so.

Die Lichtung im Wald sieht wie ein echtes Zigeunerlager aus mit ihren bunt bemalten Wohnwagen, den grasenden Pferden, den wilden, braunen Kindern, die so gesund sind, trotzdem sie niemals mit Hygiene in Berührung kommen. Diese kleine Bande geht nicht zur Schule, sondern spielt im Gerümpelhaufen, der neben dem Lagerplatz wächst, denn die Romanis haben keinen festen Wohnsitz. Zuweilen werden Versuche unternommen, sie anzusiedeln, ihnen Häuser zuzuweisen, aber sie bleiben nicht dort, ziehen weiter, weil sie ihr Wanderleben lieben, sich nicht einschachteln, nicht von Nachbarn beobachten lassen wollen.

Nora hält nichts von Schulweisheit:

»Ich habe auch nicht schreiben und lesen gelernt und entbehre es nicht. Granny gibt ihnen Rechenunterricht, damit sie später nicht beschwindelt werden.«

Eines Tages kam sie, um Abschied zu nehmen, weil sie jetzt doch weiterziehen müßten. Jemand von der Stadtverwaltung war erschienen und hatte ihnen die Waldlichtung gekündigt, obwohl sie dort keinen Menschen stören, sondern Sommergästen Modell zu Bildern und Fotos stehen, was ihnen auch etwas einbringt, denn ein echter Romani tut nichts umsonst. Nun sollen die Wohnwagen fortziehen – wohin, wissen sie noch nicht. Irgendwohin, zu einem Platz, von dem sie wieder vertrieben werden.

Zwar gibt es im Parlament würdevolle Anfragen und Vorschläge für die Seßhaftmachung der englischen Zigeuner. Aber die Romanis wollen nicht seßhaft sein, sondern dort rasten, wo es ihnen gefällt, wie sie es seit Jahrhunderten tun – seit der Zeit, da sie mit den Horden des Dschingis-Khan nach Europa kamen, um sich dort den jeweils Kriegführenden anzuschließen – ganz gleich, welchem Heer von welchem Land. Und weil es jetzt andere Kriegsformen gibt, ziehen sie nur weiter, wählen ihr Oberhaupt, betrauern festlich dessen Tod und leben, so gut es geht, und leben glücklich.

Am Tag, da Nora Abschied nahm, brachte sie nur ein kleines Mädchen mit, ein braunes, schwarzlockiges, zauberhaftes Geschöpf in einem zerrissenen roten Kleid, mit schmutzigen Füßchen und großen, dunklen Augen. Und Nora machte uns, die wir so oft seltsame Angebote erhalten, ein besonders seltsames: wir sollen die kleine Braune annehmen.

»Wir wollen kein Geld für sie haben – aber es sind eben doch zu viele Kinder, und Nelly, die Mutter, Schwester der Kusine meiner Tante, erwartet ihr siebentes. Bei Ihnen wäre sie gut aufgehoben. Sie ist auch schon ganz sauber – nur eben manchmal –«

Jane ergänzte sachlich: »gibt es ein Unglück«.

»Ja, Madam, aber wirklich nur selten.«

Sie führte uns das Kind wie ein Jungtier auf dem Markt vor, strich das unsaubere Haar zurück, fuhr über die kräftigen mahagonifarbenen Beine, zeigte die schmutzigen kleinen Hände.

»Ein schönes, gesundes Kind, macht nicht viel Arbeit. Nein, Madam, denken Sie nicht, daß ich es verkaufen will. Wir geben es gratis ab, ich weiß, es wird es gut bei Ihnen haben. Sie sind zwei alte Damen,

allein, so ein Kind macht Freude. Oder behalten Sie es eine Zeitlang, bis wir wieder in der Gegend sind.«
Wir sahen uns an. Wir sagen ungern nein, weder bei einem menschlichen Hilferuf, noch bei hilfsbedürftigen Tieren. Aber dann sagten wir doch nein, wir wären zu alt für diese Verantwortung. Sie wiederholte, was für ein gesundes, braves Kind es wäre. Aber das Kind hatte genug vom Betastetwerden, und es geschah, was Jane den »Augenblick des Sichvergessens« nennt.
»Das ist nur, weil sie aufgeregt ist, nicht wahr, Lovy«, sagte Nora ruhig.
Aber Lovy hatte genug und brüllte, und so nahm sie das Kind wieder mit, nachdem sie uns »zum Abschied« Kleiderbügel, Wäscheklammern und kleine bunte Wachsblumen verkauft hatte.
An der Gartentür wandte sie sich um:
»Ich werde Sie nicht vergessen –« und fügte etwas Unverständliches hinzu. Als wir fragten, was sie gesagt hätte, erwiderte sie lächelnd:
»Es ist nur ein kleiner, sehr guter Romanisegen – er soll Sie und Ihr Haus beschützen und uns wieder einmal zusammenführen.«

Wer sich nicht mehr wundern kann,
ist seelisch bereits tot.

ALBERT EINSTEIN

Jack London

Aloha Oe

Nichts kann mit der Abreise von Honolulu verglichen werden. Der große Postdampfer lag unter Dampf, zur Abfahrt bereit. Tausend Menschen standen auf seinem Deck, fünftausend auf dem Kai. Über die lange Landungsbrücke bewegten sich eingeborene Fürsten und Fürstinnen, Zuckerkönige und hohe Beamte des Landes. Weiter zurück, in langen Reihen, in Schach gehalten von der eingeborenen Polizei, hielten die Wagen und Automobile der Aristokratie von Honolulu. Auf dem Kai spielte die Königlich Hawaiische Kapelle »Aloha Oe«, und als sie fertig war, nahm ein Saitenorchester eingeborener Musiker an Bord des Postdampfers dieselbe klagende Melodie auf, und die Stimme einer eingeborenen Sängerin stieg wie ein Vogel empor über die Instrumente und über das Gewirr der Abreise. Es war wie eine silberne Flöte, deren klarer, unverkennbarer Klang die große Abschiedssymphonie durchdrang.

Vorn, auf dem unteren Deck, stand an der Reling eine sechsfache Reihe in Khaki gekleideter junger Leute, deren sonnengebräunte Gesichter von dreijährigem Aufenthalt in den Tropen erzählten. Aber das Abschiedslied erklang nicht für sie. Auch für den weißgekleideten Kapitän, der, sternenfern, von der hohen Kommandobrücke auf das Getümmel unter sich hinabschaute, erklang es nicht. Auch den jungen Offizieren weiter achtern, die von den Philippinen heimfuhren, galt der Abschied nicht, und auch nicht den blassen, vom Klima mitgenommenen Damen an ihrer Seite. Gleich hinter der Laufbrücke, auf dem Promenadendeck, stand eine Schar von Senatoren der Vereinigten Staaten mit ihren Frauen und Töchtern – die Senatorengesellschaft, die einen Monat lang mit Speise und Trank bewirtet, mit Statistiken vollgepfropft und über die vulkanischen Berge und durch die Lavatäler geschleppt worden war, um die Herrlichkeiten und Hilfsquellen Hawaiis zu besichtigen. Dieser Gesellschaft wegen hatte der Postdampfer in Honolulu angelegt, und dieser Gesellschaft sagte Honolulu jetzt Lebewohl. Die Senatoren waren mit Blumen bekränzt und geschmückt. Senator Jeremy Sambrooke trug ein Dutzend Girlanden um seinen dicken Hals und auf seiner breiten Brust. Und aus dieser Blumenmasse ragte sein Kopf und der größte Teil seines sonnenverbrannten, schweißigen Gesichts hervor. Er betrachtete die Blumen als ein Unding, und als er die Menge auf dem Kai überblickte, tat er es mit einem statistischen Auge, das nichts von der Schönheit sah, sondern in die Arbeitskraft, die Fabriken, die Eisenbahnen und Plantagen hineinspähte, die hinter der Menge lagen und denen die Menge Ausdruck verlieh. Er sah Hilfsquellen und dachte an Entwicklung, und seine Träume von materiellen Taten und Herrschermacht nahmen ihn zu sehr in Anspruch, um seine Tochter zu beachten, die neben ihm stand und mit einem jungen Mann in einem hübschen Sommeranzug und mit einem Strohhut sprach, einem jungen Mann, dessen eifrige Blicke nur sie zu suchen schienen und ihr Gesicht nicht verließen. Hätte Senator Jeremy ein Auge für seine Tochter gehabt, so würde er gesehen haben, daß er statt des fünfzehnjährigen Mädchens, das er vor kaum einem Monat nach Hawaii gebracht hatte, jetzt ein Weib mit heimnahm.

Das Klima von Hawaii wirkt reifend, und Dorothy Sambrooke war ungewöhnlich reifenden Umständen ausgesetzt gewesen. Schlank, blaß, mit blauen Augen, ein wenig müde von dem vielen Leben und dem Versuch, das Verständnis des Lebens zu erzwingen – so war sie vor einem Monat gewesen. Jetzt aber waren die Augen warm und nicht mehr müde, die Wangen hatten von der Sonne Farbe erhalten, und der Körper zeigte die ersten Anzeichen und Versprechungen schwellender Linien. In diesem Monat hatte sie die Bücher liegen lassen, denn sie hatte ihre größte Freude darin gefunden, im Buch des Lebens zu lesen. Sie hatte Pferde geritten, Vulkane bestiegen und in der

Brandung schwimmen gelernt. Die Tropen waren ihr ins Blut gedrungen, sie glühte vor Wärme und Farbe im Sonnenschein. Und einen Monat war sie mit einem Mann zusammengewesen – mit Steve Knight, dem Athleten, Brandungsreiter, einem bronzenen Meeresgott, der die Sturzsee zügelte, den Wellen auf den Rücken sprang und sie an Land ritt.
Dorothy Sambrooke wußte selbst nichts von der mit ihr vorgegangenen Veränderung. Ihr Bewußtsein war noch das eines jungen Mädchens, und sie war überrascht und beunruhigt durch das Benehmen Steves in dieser Abschiedsstunde. Sie hatte ihn als den Spielkameraden betrachtet, der er den ganzen Monat gewesen war; jetzt aber sagte er ihr nicht Lebewohl als Spielkamerad. Er sprach aufgeregt und unzusammenhängend, oder er schwieg. Zuweilen hörte er nicht, was sie sagte, oder wenn er es tat, antwortete er nicht wie sonst. Die Art, wie er sie anblickte, verwirrte sie. Sie hatte nicht gewußt, daß er so flammende Augen hatte. Etwas in seinen Augen erschreckte sie. Sie konnte dem nicht begegnen, und ihre eigenen Augen senkten sich immer wieder davor. Dennoch war auch etwas Verlockendes darin, und sie versuchte immer wieder einen Schimmer von diesem flammenden, gebieterischen, sehnsuchtsvollen Etwas zu erhaschen, das sie noch nie in Menschenaugen gesehen hatte. Und sie war selbst merkwürdig verwirrt und aufgeregt.

Die große Pfeife des Dampfers ließ ein ohrenbetäubendes Geheul ertönen, und die mit Blumen bekränzte Menge wogte näher an die Seite des Dampfers heran. Dorothy Sambrooke hatte sich die Finger in die Ohren gesteckt, und als sie den Mund vor Ekel über den schrecklichen Lärm verzog, bemerkte sie wieder die gebieterische, sehnsuchtsvolle Flamme in Steves Augen. Er sah sie nicht direkt an, sein Blick fiel auf ihr Ohr, das in den schrägen Strahlen der Nachmittagssonne rosig und durchscheinend war. Neugierig und verzaubert starrte sie auf dieses seltsame Etwas in seinen Augen, bis er merkte, daß er entdeckt war. Sie sah, wie er einen tiefroten Kopf bekam, und hörte ihn etwas Unverständliches murmeln. Er war verlegen, und sie war es auch. Stewards gingen nervös umher und baten Leute, die nicht mitfuhren, an Land zu gehen. Steve streckte die Hand aus. Als sie den Griff seiner Finger fühlte, die die ihren tausendmal auf Wasserrutschbahnen und Lavahängen ergriffen hatten, hörte sie die Worte des Liedes mit einem neuen Verständnis, als sie jetzt in der silbernen Kehle der hawaiischen Sängerin klagten:

»Ka halia ko aloha kai hiki mai,
Ke hone ae nei i ku'u manawa,
O oe no ka'u aloha
A loko e hana nei.«

Steve hatte sie die Melodie und den Text und seine

Bedeutung gelehrt – das hatte sie jedenfalls bis zu diesem Augenblick geglaubt; aber jetzt, als ihre Finger die seinen drückten und die warmen Handflächen sich zum letztenmal berührt hatten, verstand sie erst die wirkliche Bedeutung des Liedes. Sie sah ihn kaum gehen, bemerkte ihn auch nicht auf der überfüllten Laufbrücke, denn sie befand sich tief in einem Labyrinth von Erinnerungen, durchlebte wieder die letzten vier Wochen und sah das Geschehene in dem Licht der Offenbarung. Bei der Ankunft der Senatoren hatte Steve dem Geselligkeitskomitee angehört. Er war es, der ihnen den ersten Unterricht im Brandungsreiten am Strand von Waikiki erteilt hatte, wo er sein schmales Brett in die See hinausruderte, bis er ein verschwindend kleiner Punkt wurde, um dann plötzlich wieder zum Vorschein zu kommen, wie ein Meeresgott aus dem Gewirr von Schaum und weißem Gischt steigend – immer höher, Schultern, Lenden und Glieder, bis er schwebend, die Füße in dem fliegenden Schaum begraben, auf dem dampfenden Kamm einer mächtigen, meilenlangen Woge stand, mit der Schnelligkeit eines Expreßzuges an den Strand geschleudert wurde – und schließlich ruhig vor den erstaunten Zuschauern das Land betrat.

So hatte sie Steve zum erstenmal gesehen. Er war der Jüngste im Komitee gewesen – ein Jüngling von zwanzig Jahren. Er hatte die Gäste weder mit Reden

unterhalten, noch hatte er repräsentativ bei den offiziellen Festen gewirkt. In den Brechern bei Waikiki, bei der Treibjagd auf das wilde Vieh des Mauna Kea, und im Zureitungspferch auf dem Haleakalahof hatte er seinen Anteil an der Unterhaltung besorgt.
Sie hatte sich nichts aus den unendlichen Statistiken und den ewigen Reden der anderen Komiteemitglieder gemacht. Das hatte Steve auch nicht getan. Und mit Steve zusammen hatte sie sich vom Freiluftfest auf Hamakua und von Abe Louisson, dem Kaffeepflanzer, fortgestohlen, der zwei geschlagene Stunden lang von Kaffee, Kaffee und nichts als Kaffee geredet hatte. Damals hatte Steve, als sie unter den baumhohen Farnen ritten, sie den Text von »Aloha Oe« gelehrt, dem Lied, das in jedem Dorf, auf jedem Hof und auf jeder Plantage zum Abschied der besuchenden Senatoren gesungen worden war. Steve und sie waren von Anfang an viel zusammengewesen. Er war ihr Spielkamerad gewesen, sie hatte sich zum Herrn über ihn aufgeworfen, während ihr Vater damit beschäftigt war, sich zum Herrn über die Statistik der Insel zu machen. Sie war zu sanft, um ihren Spielkameraden zu tyrannisieren, aber sie hatte unbeschränkt über ihn geherrscht; außer wenn sie in einem Boot, zu Pferde oder auf dem Wellengleitbrett zusammen waren, dann hatte er den Befehl übernommen, und sie hatte ihm gehorcht. Und jetzt, als das Lied zum letztenmal gesungen wurde, als die Lei-

nen losgeworfen wurden und der große Dampfer langsam vom Kai abzubacken begann, wußte sie, daß Steve ihr mehr gewesen war als nur ein Spielkamerad.

Fünftausend Stimmen sangen »Aloha Oe« – »Meine Liebe sei bei dir, bis wir uns wiedertreffen« –, und in diesem ersten Augenblick bewußter Liebe verstand sie auch, daß sie und Steve voneinandergerissen wurden. Wann würden sie sich je wiedertreffen? Er hatte sie selbst die Worte gelehrt. Sie erinnerte sich, wie sie gelauscht hatte, als er sie immer wieder unter dem Haubaum bei Waikiki gesungen. War es eine Prophezeiung gewesen? Und sie hatte sein Singen bewundert, hatte ihm gesagt, daß er so ausdrucksvoll sang. Sie lachte laut, hysterisch bei der Erinnerung. So ausdrucksvoll! – Während er sein Herz in seine Stimme ergossen hatte. Jetzt wußte sie es, und jetzt war es zu spät. Warum hatte er nicht gesprochen? Da erinnerte sie sich, daß Mädchen ihres Alters noch nicht heiraten. Aber Mädchen ihres Alters heirateten doch – in Hawaii –, das war ihr nächster Gedanke. Hawaii hatte sie gereift – Hawaii, wo das Fleisch golden ist, und wo alle Frauen reif und von der Sonne geküßt sind.

Vergebens suchte sie ihn in der dichtgedrängten Menge auf dem Kai. Was war aus ihm geworden? Sie fühlte, daß sie jeden Preis bezahlen konnte, um ihn noch einmal zu sehen, und hoffte fast, daß irgendeine tödliche Krankheit den Kapitän befallen und die Abreise verzögern sollte. Zum erstenmal in ihrem Leben betrachtete sie ihren Vater mit einem berechnenden Blick und bemerkte mit neugeborener Furcht seine energischen, bestimmten Züge. Es mußte furchtbar sein, sich gegen ihn aufzulehnen. Und welche Aussichten hatte sie in einem solchen Kampf? Aber warum hatte denn Steve nicht gesprochen? Jetzt war es zu spät. Warum hatte er nicht unter dem Haubaum bei Waikiki gesprochen? Und dann ging es ihr in einer tiefen Herzensangst auf, daß sie wußte, warum. Was war es, das sie eines Tages gehört hatte? Ach ja, es war auf dem Tee bei Frau Stanton, an dem Nachmittag, als sie die Damen der Senatorengesellschaft eingeladen hatte. Es war Frau Hodgkins, die große blonde Frau, die die Frage gestellt hatte. Die Szene erstand lebendig vor ihr – der breite Lanai, die tropischen Blumen, die geräuschlose asiatische Dienerschaft, das Gewirr der vielen Frauenstimmen und die Frage, die Frau Hodgkins in der Gruppe neben ihr gestellt hatte. Frau Hodgkins war mehrere Jahre von den Inseln fortgewesen, und sie fragte jetzt offenbar nach alten Freundinnen aus ihren Mädchentagen. »Was ist aus Susie Maydwell geworden?« lautete die Frage, die sie gestellt hatte. »Ach, die sehen wir nie mehr; sie heiratete Willie Kupele«, antwortete eine andere Dame von den Inseln. Und die Frau von Senator Behrend lachte und

wollte wissen, warum die Heirat die freundschaftliche Verbindung mit Susie Maydwell unterbrochen hatte. »Hapa-Haole«, lautete die Antwort. »Er war Halbblut, wissen Sie, und wir hier auf den Inseln müssen an unsere Kinder denken.«
Dorothy wandte sich zu ihrem Vater, entschlossen, eine Probe anzustellen.
»Vater, wenn Steve je nach den Vereinigten Staaten käme, dürfte er uns dann nicht besuchen?«
»Wer? Steve?«
»Ja, Steve Knight – du kennst ihn doch. Erst vor fünf Minuten hast du dich von ihm verabschiedet. Wenn er sich zufällig einige Zeit in den Vereinigten Staaten aufhält, dürfte er uns dann nicht besuchen?«
»Auf keinen Fall«, antwortete Jeremy Sambrooke kurz. »Steve Knight ist ein Hapa-Haole, und du weißt, was das heißt.«
»So«, sagte Dorothy sanft, und sie fühlte, daß sich eine schlaffe Verzweiflung in ihr Herz schlich.
Steve war kein Hapa-Haole – das wußte sie, aber sie wußte nicht, daß ein Viertel tropischen Sonnenscheins in seinen Adern floß, und daß das genügte, um eine Heirat mit ihm unmöglich zu machen. Es war eine merkwürdige Welt. Da war seine Wohlgeboren A. S. Cleghorn, der eine dunkelhäutige Prinzessin aus dem Blute der Kamehameha geheiratet hatte, und dennoch betrachteten die Männer es als eine Ehre, mit ihm zu verkehren, und die exklusiv-

sten Damen der übertrieben exklusiven Missionargesellschaft erschienen auf seinen Nachmittagstees. Und da war Steve, keiner hatte je widersprochen, als er sie auf dem Wellengleitbrett fahren lehrte oder sie an der Hand über die gefährlichsten Stellen des Kilauea-Kraters führte. Er konnte bei Tisch neben ihr und ihrem Vater sitzen, mit ihr tanzen und dem Geselligkeitskomitee angehören; aber weil tropischer Sonnenschein in seinen Adern war, würde er sie nicht heiraten können.

Und es war ihm nicht anzusehen. Es mußte einem erzählt werden, damit man es wußte. Und er war so schön. Sein Bild erschien vor ihrem inneren Blick, und ehe sie es wußte, genoß sie die Erinnerung an die Anmut seines prächtigen Körpers, an seine glänzenden Schultern, seine Kraft, die ihn leicht auf ein Pferd warf, ihn sicher durch die donnernden Brecher trug oder sie am Ende eines Bergstocks den schroffen Lavahang zum Haus der Sonne emporzog. An noch etwas Feineres und Geheimnisvolleres erinnerte sie sich, das sie gerade jetzt zu verstehen begann – an die Ausstrahlung von dem männlichen Wesen, dem Mann, Mann, nichts als Mann. Die Scham über ihre Gedanken brachte sie mit einem Ruck zu sich. Ihre Wangen röteten sich von dem warmen Blut, das schnell wieder sank, und sie erblaßte bei dem Gedanken, daß sie ihn nie wiedersehen sollte. Der Bug des Postdampfers war schon in der Strömung, und

das Promenadendeck glitt an der Hafenmole vorbei.
»Da ist Steve«, sagte ihr Vater. »Wink ihm Lebewohl, Dorothy.«
Steve sah mit eifrigen Augen zu ihr auf, und in ihrem Gesicht sah er, was er noch nie gesehen hatte. Bei der plötzlichen Freude in seinem Gesicht wußte sie, daß er verstand. Die Luft hallte wider von dem Gesang:

»Meine Liebe sei bei dir.
Meine Liebe sei bei dir, bis wir uns wiedersehen.«

Es bedurfte keiner Worte, um ihre Geschichte zu erzählen. Rings um sie her warfen die Passagiere ihre Blumengirlanden ihren Freunden auf dem Kai zu. Steve hob die Hände, und seine Augen strahlten. Sie hob ihre eigene Girlande über den Kopf, aber sie hatte sich in die Schnur orientalischer Perlen verwickelt, die Mervin, ein älterer Zuckerkönig, ihr um den Hals gelegt hatte, als er sie und ihren Vater zum Dampfer brachte.
Sie kämpfte mit den Perlen, die sich in den Blumen verfangen hatten. Der Dampfer glitt ruhig weiter. Steve war schon gerade unter ihr. Jetzt war der rechte Augenblick gekommen – gleich würde er vorbei sein. Sie brach in Tränen aus, und Jeremy Sambrooke sah sie forschend an. »Dorothy!« rief er scharf.
Mit voller Überlegung zerriß sie die Schnur, und in einem Schauer von Perlen glitten die Blumen zu dem

wartenden Geliebten hinab. Sie starrte ihn an, bis die Tränen sie blendeten, dann barg sie ihr Gesicht an Jeremy Sambrookes Schulter, so daß er seine geliebten Statistiken vergaß in der Verwunderung über das Mädchen, das jetzt erwachsen war. Die Menge sang weiter, und der Gesang klang schwächer aus der Ferne, aber immer noch schmelzend mit dem wollüstigen Liebesschmachten Hawaiis, und die Worte fraßen sich wie Säure in ihr Herz ein, weil sie logen:

»Aloha oe, Aloha oe,
E ke onaona no ho ika lipo,
Ein süßer Kuß, ahoi ae au,
Bis wir uns wiedersehen.«

Liebe ist ein privates Weltereignis.

ALFRED POLGAR

Friedrich Torberg

Im Restaurant Neugröschl

Aus einem der reichsten Bezirke des kulinarischen Raums, aus dem der jüdischen Mehlspeisen, stammt ein Begriff, der weit über seinen Ursprung hinaus symbolhafte Bedeutung erlangt hat und den zu registrieren schon deshalb geboten erscheint, weil er sich im Alltagsleben häufig anwenden läßt. (Anwendbarkeit, wir wissen es bereits aus zahlreichen Beispielen, ist ein gesuchter Aspekt jeglicher Anekdote, Situationspointe oder Wortprägung. Erst das Gleichnis schafft den Wert.)

Was »Zores« sind, weiß jeder bessere Mensch und weiß es, wenn er ehrlich ist, aus eigener Erfahrung. »Zores«, aus dem Hebräischen über das Jiddische so tief in unsern Sprachgebrauch eingedrungen, daß man sie beispielsweise in der Wendung »Gib ihm Saures!« gar nicht mehr erkennt, sind ein Plurale Tantum und bedeuten auf deutsch ganz einfach »Sorgen«.

Was »Fladen« sind, dürfte weniger bekannt sein. Es wäre irrig, bei diesen »Fladen« an die Kuh zu denken. Sie sind das jüdische Gegenstück zur Fächertorte, gehören ursprünglich eher zum polnischen als zum böhmisch-mährischen Gastronomiebereich und bestehen aus mehreren übereinandergeschichteten Lagen oder Fächern, die wiederum nichts mit dem zu tun haben, womit man sich Kühlung zufächelt (obwohl das nach dem Genuß einer richtigen, geilen Fladentorte dringend ratsam wäre). Die einzelnen Lagen werden aus Mohn sowie aus verschiedenartig präparierten Obstsorten hergestellt, immer mit einer dünnen Teigschicht dazwischen und manchmal noch mit Schokolade versetzt. Je vielfältiger die Fächer, je raffinierter ihre Zusammenstellung, desto höher die Qualität der Fladentorte. Und wenn nun eine Hausfrau (etwa Löwenthalscher Prägung) an den Rand einer weithin merkbaren Verzweiflung gerät, weil sie sich trotz stundenlangem Nachdenken nicht entscheiden kann, ob sie jetzt noch eine Lage gedünsteter Birnen dazutun soll oder nicht doch lieber gestoßene Nüsse, dann bezeichnet man die Sorgen, von denen sie da gepeinigt wird, als Fladenzores.

Es gibt solcher Fladenzores viele. Im Grunde sind *sie* gemeint, wenn man einem Menschen, der seine Umwelt mit ihnen belästigt, halb tadelnd und halb neidig zuruft: »*Ihre* Sorgen möcht ich haben!«

Die Fladentorte gehörte zu den Spezialitäten, für die das Restaurant Neugröschl im II. Wiener Gemeindebezirk berühmt war. Noch berühmter war es für die Person seines Besitzers, eines Originals von seltener Urwüchsigkeit und ebensolcher Grobheit, die an seiner vierschrötigen Gestalt nachdrückliche Stützung fand. Es war nicht gut, Herrn Neugröschl zu widersprechen oder sich sonstwie mit ihm anzulegen. Wenn ein Stammgast gelegentlich fragte (und nur ein Stammgast durfte das überhaupt riskieren): »Herr Neugröschl, was gibt's denn heute besonders Gutes?« und wenn Herr Neugröschl antwortete: »Was auf der Karte steht«, dann tat der Stammgast am klügsten, den schroffen Bescheid hinzunehmen und nicht etwa aufzumucken, wie ein Verwegener es einmal tat: »Dazu hätte ich Sie ja nicht fragen müssen«, murrte er, und empfing die prompte Replik: »Nicht? Was fragen Sie dann so blöd? Von mir aus müssen Sie erst gar nicht herkommen!« Denn Herr Neugröschl konnte auf Gäste mühelos verzichten. Er hatte ihrer übergenug.

Auch ich durfte einmal einer garantiert echten Neugröschl-Grobheit teilhaftig werden. Ich war gemeinsam mit einem Freund zum Mittagessen gekommen, mit Absicht ein wenig spät: wir hofften auf raschere Bedienung, wenn der übliche Andrang vorüber wäre. Tatsächlich fanden wir bei unserm Eintritt nur noch zwei oder drei Tische besetzt, und als auch diese sich geleert hatten, waren wir die einzigen, die noch essen wollten.

Aber wir warteten vergebens auf einen Kellner, dem wir das hätten sagen können. Offenbar hatten wir uns übermäßig verspätet, und es war bereits Essenszeit für das Personal angebrochen.

Ungefähr zehn Minuten mochten vergangen sein, als die zweiflügelige Milchglastüre, die zur Küche führte, von innen aufgestoßen wurde. Herr Neugröschl erschien im Lokal, näherte sich unserm Tisch und blieb, wenn auch mit nur undeutlich gemurmeltem Gruß, so doch mit deutlich fragendem Gesichtsausdruck vor uns stehen.

»Herr Neugröschl«, sagte ich zaghaft, »wir sitzen jetzt schon seit einer Viertelstunde hier und möchten gerne etwas bestellen. Wäre das möglich?«

Daraufhin wandte Herr Neugröschl sich wortlos um, schritt zur Küchentüre zurück, öffnete sie vermittels eines wuchtigen Tritts gegen den einen Flügel und rief so laut, daß auch wir es hören konnten, in die Küche hinein:

»Was ist denn? Zwei lausige Gäst' sind da und nicht einmal bedient werden sie?!«

Ich versage mir – wie bei so vielen ähnlichen Gelegenheiten – eine Wiedergabe der wienerisch-jüdischen Dialektmixtur, deren er sich bediente. Der Leser mag sie nach Möglichkeit erahnen, erfühlen oder (in günstigen Fällen) erinnern. Das käme auch der nun folgenden Geschichte sehr zustatten, die sozusagen das Paradigma der Behandlung darstellt, die Herr Neugröschl seinen Gästen angedeihen ließ und die auf einer Umkehrung des im Gastgewerbe üblichen Leitsatzes beruhte, demzufolge der Gast immer recht hat. Bei Herrn Neugröschl hatte der Gast immer unrecht.

Die Geschichte, die das auf einmalig überzeugende Art bestätigt, wurde von so vielen Seiten berichtet und herumgeboten, daß sich die Frage nach ihrer historischen Wahrhaftigkeit erübrigt. Sie weist die unverkennbaren Merkmale einer weitaus höher einzuschätzenden inneren Wahrhaftigkeit auf, und es gab eine Zeit, da sie in Wien so populär war, daß ihre Schlußwendung den Rang eines Zitats erreichte. Heutzutage würde man sicherheitshalber wohl erst erklären müssen, daß »Kaiserschmarrn« eine beliebte Wiener Mehlspeise ist (bestehend aus kleingerissenem, mit Zibeben angerichtetem Palatschinkenteig) und daß die »Zwetschgenröster« – im eigenen Saft gedünstete Pflaumen – als des Kaiserschmarrns klassische, aber keineswegs einzig zulässige Beilage gelten.

Die Geschichte beginnt damit, daß eines heißen Sommertages ein Gast des Restaurants Neugröschl zum Abschluß seines Menus einen Kaiserschmarrn bestellt.

»Was dazu?« fragt der Kellner, unter der Einwirkung der Hitze – die überhaupt eine gewisse Knappheit des Dialogs zur Folge hat – noch mürrischer als sonst.

»Ein Kompott.«

»Was für ein Kompott?«
»Egal.«
Nach einer angemessenen Frist serviert der Kellner den Kaiserschmarrn mit einer Portion Zwetschgenröster als Beilage; er will sich entfernen, wird jedoch vom Gast zurückgehalten:
»Herr Ober, ich habe als Beilage ein Kompott bestellt.«
Der Kellner, mit entsprechender Handbewegung:
»Da steht's ja.«
»*Was* steht da?«
»Ihr Kompott.«
»Das sind Zwetschgenröster.«
»Eben.«
»Was heißt eben? Wenn ich ein Kompott bestelle, will ich keine Zwetschgenröster.«
»Warum nicht?«
»Weil Zwetschgenröster kein Kompott sind!«
»Zwetschgenröster sind kein Komptt?« fragt mit provokanter Überlegenheit der Kellner.
»Nein!« brüllt der Gast.
»Zwetschgenröster *sind* ein Kompott.« Jetzt hebt auch der Kellner die Stimme.
»Zwetschgenröster *sind* kein Kompott! Rufen Sie mir den Chef!«
Das erweist sich als überflüssig. Herr Neugröschl, angelockt durch die immer lauter gewordene Auseinandersetzung, die bereits vom ganzen, dicht gefüllten

Lokal mit größter Aufmerksamkeit verfolgt wird, ist an den Tisch getreten und fragt nach der Ursache des Lärms. Selbstverständlich fragt er den Kellner und nicht den Gast, dem er mit einer scharfen Handbewegung Schweigen gebietet.

»Der Herr hat Kaiserschmarrn mit Kompott bestellt«, berichtet der Kellner, »und ich hab ihm Zwetschgenröster gebracht.«

»No also.« Mit gerunzelten Brauen mustert Herr Neugröschl den widerspenstigen Gast. »Was will er dann noch?«

»Er sagt, Zwetschgenröster sind kein Kompott.«

»Was sagt er?« Herr Neugröschl tritt dicht an den Beschuldigten heran. »Das haben Sie wirklich gesagt?«

»Natürlich«, antwortet der Gast.

»Sagen Sie's noch einmal.«

»Zwetschgenröster sind kein Kompott.«

Daß er von Herrn Neugröschl niemals recht bekommen wird, muß ihm längst klar gewesen sein. Aber was ihm jetzt passiert, hat er ganz gewiß nicht vorausgesehen: Herr Neugröschl, der Hitze wegen in Hemdsärmeln, krempelt dieselben hoch, packt ihn mit der einen Hand am Genick, mit der anderen um die Taille und befördert ihn mit dem Ruf: »Zahlen brauchen Sie nicht, Sie sind mein Gast!« zur Türe hinaus.

Dann – und das ist der eigentliche Kern der Geschichte – pflanzt sich Herr Neugröschl mitten im

Lokal auf, seine Blicke schweifen in die jäh verstummte Runde der Gäste, die sich ängstlich über ihre Teller ducken, und seine Stimme klingt unheilkündend, als er Anlauf nimmt: »Es sind *noch* ein paar da, die sagen, Zwetschgenröster sind kein Kompott!« Und schüttelt drohend die erhobene Faust: »Aber ich kenn sie alle!!«

☼

Daß Neugröschls Konkurrenten ihm nicht wirklich gefährlich werden konnten, bekundet eine Geschichte, die aus dem geopraphisch wie ideologisch nahe zu Neugröschl gelegenen Restaurant Tonello berichtet wird. Dort erschien zu früher Mittagsstunde ein Gast und bestellte Scholet, jenes ungemein fetthaltige, schwer verdauliche Meisterwerk jüdischer Kochkunst, das von Heinrich Heine in frevler Schiller-Parodie als »schöner Götterfunken« besungen wurde.
Der Kellner kam aus der Küche zurück und bedauerte: das Scholet sei noch nicht fertig.
»Was?« rief der enttäuschte Gourmet. »Halb eins und noch kein Scholet? Bei Neugröschl wird schon gerülpst!«
Von den übrigen jüdischen Eßlokalen behauptete sich am weitaus besten der sogenannte »Würstel-Biel«, eine Selchwarenhandlung mit angeschlossenem Speisesaal, wo man außer den hauseigenen Er-

zeugnissen auch noch andere Gerichte bestellen konnte. Zum Unterschied von Herrn Neugröschl, wenn auch aus ähnlich mürrischer Veranlagung, trat Herr Biel mit seinen Gästen in keinerlei Kontakt. Ab und zu sah man ihn im Hintergrund des Lokals auftauchen und übellaunig die Kassa kontrollieren (die ihm zu übler Laune gewiß keinen Anlaß gab) – dann verschwand er wieder im Comptoir, ohne jemanden eines Blickes gewürdigt zu haben. Von Eingeweihten hörte man, daß er trotz zufriedenstellendem Geschäftsgang mit seinem Leben unzufrieden war, und manche Anzeichen sprachen dafür, daß er seinen Beruf verfehlt zu haben glaubte. Sie sprachen aus den von ihm textierten Plakaten, die – teils gereimt, teils in jeder Hinsicht ungereimt – an den Wänden des Lokals hingen. Er verkehrte mit seiner Kundschaft sozusagen per Plakat.
Von den gereimten waren es besonders zwei, die seiner abgeschnürten lyrischen Ader zur Geltung und sogar zu einer gewissen Popularität verholfen hatten:

Willst du essen gut und viel,
Mußt du gehn zum Würstel-Biel.

Schon Hamlet fragte einst, so geht die Sage:
To Biel or not to Biel, das ist die Frage.

Diese beiden markigen Sinnsprüche wurden auch als Inserate verwendet, indessen Biels Prosa sich auf das eigentliche Lokal beschränkte und nicht ohne weiters verständlich war:
»Die P. T. Gäste werden ersucht, das Essen nicht auf den Boden zu werfen«, lautete eine an mehreren Stellen angebrachte Warnung, die den Eindruck entstehen ließ, daß die Gäste, wenn sie an einem Gericht etwas auszusetzen fanden, kurzen Prozeß machten und es mit entrüstetem Schwung zu Boden schleuderten. Dem war nicht so. Vielmehr bewirkten Qualität und niedrige Preise des Bielschen Angebots, daß der ohnehin nicht sehr gräumige Speisesaal immer gesteckt voll war und die runden Tische weit über ihre Kapazität ausgenützt wurden. Wenn nun an einem Tisch, der maximal fünf Personen halbwegs auskömmlichen Platz geboten hätte, ihrer sechs oder sieben saßen, konnten sie im solcherart eingeengten Aktionsradius ihren Tellern nur dadurch die nötige Aufnahmefähigkeit sichern, daß sie die verbliebenen Knochen und sonstigen unbrauchbaren Reste möglichst unauffällig unter den Tisch fegten. Und dies wurde ihnen von Herrn Biel – statt daß er für mehr Platz oder rasches Abräumen gesorgt hätte – mittels Plakats untersagt.
Noch komplizierter verhielt es sich mit der Aufschrift einer Tafel, die das P. T. Publikum auf die Sonntagssperre aufmerksam machte. In jedem anderen Lokal

hieß es ganz einfach: »Sonntag geschlossen.« Bei Biel hieß es: »Jeden Sonntag den ganzen Tag geschlossen«, und ich habe lange über die Entstehungsgeschichte dieser einigermaßen überladenen Form gerätselt. Wahrscheinlich hatte sich auch Herr Biel, als die einschlägige Vorschrift der Gewerbeordnung erschien, zuerst mit einem simplen »Sonntag geschlossen« begnügt. Da aber drangen seine gierigen Stammgäste zu dem schwer Zugänglichen vor und fragten, ob er nicht wenigstens zu Mittag oder nicht wenigstens am Abend aufmachen könnte, um sie zu verköstigen. Herr Biel verneinte und hielt das in einem entsprechend erweiterten Wortlaut fest: »Sonntag den ganzen Tag geschlossen.« Auch ein erneutes Drängen, dann wenigstens nur jeden zweiten Sonntag zu schließen, wies Herr Biel zurück, womit die Textfassung ein für allemal gegeben war: »Jeden Sonntag den ganzen Tag geschlossen.«
Ich wüßte nicht, wie sie anders zustande gekommen wäre. Ich sehe die aufgeregten Beschwerdeführer vor mir, höre sie auf Herrn Biel einsprechen, höre seine kurzen, von scharf akzentuierenden Gesten begleiteten Ablehnungsworte, die in der oben zitierten Schlußformel ihren endgültigen Ausdruck fanden. Und noch selten hat mir ein an sich korrekter deutscher Satz so massiv entgegengejüdelt wie dieser.
Nur weil es schade wäre, wenn sie verlorenginge, sei hier – sozusagen »als Gast« – eine kulinarische Anek-

dote festgehalten, zu der ich höchstens insofern eine persönliche Verbindung anmelden darf, als ich mit dem Sohn ihres Helden befreundet bin. Der Held ist Leo Slezak, Wiens unvergessener Operntenor und Filmliebling, und die Richtigkeit der Anekdote wurde mir von seinem Sohn Walter bestätigt (der sich mit einer höchst erfolgreichen Karriere im amerikanischen Film und Fernsehen ausweisen kann, also ein rares Exempel darstellt: er ist als Sohn eines berühmten Vaters aus eigener, origineller Begabung, ohne am väterlichen Namen zu schmarotzen, auch seinerseits berühmt geworden).

Leo Slezak gastierte häufig in München und speiste dort mit Vorliebe in einem kleinen jüdischen Restaurant, dessen Besitzer die große Ehre sehr zu schätzen wußte. Als er seinen prominenten Stammgast wieder einmal händereibend mit der Frage umdienerte: »Herr Kammersänger, was werden wir heute essen?«, antwortete Leo Slezak kurz und entschieden:

»Gänse.«

Den Wert eines Menschen erkennt man zuverlässig daran, was er mit seiner Freizeit anfängt.

KARL HEINRICH WAGGERL

Carlo Manzoni

Gesellschaftsspiele

Ungefähr zwanzig Personen waren an jenem Abend im Hause von Domingo Donez de Dentiz versammelt. Ich sage »ungefähr«, denn die Gäste kamen und gingen, so daß ihre Zahl ständig wechselte. Einmal waren es achtzehn, einmal dreiundzwanzig und einmal sogar vierzig. Die Donez de Dentiz waren eine sehr gastfreie Familie, und wenn sie ihre Freunde einluden, wünschten sie, daß auch die Freunde ihrer Freunde am Fest teilnahmen. Und so kam alle Augenblick jemand hinzu und stellte sich lächelnd vor. Es war der Freund eines Freundes oder nur der Freund des Freundes eines Freundes.

So vergrößerte sich die Gesellschaft in zunehmendem Maße. Die Getränke ließen die Zahl der Gäste doppelt, ja dreifach erscheinen. Und alle Augenblick stellte sich jemand vor.

»Esimio Bidodici.«

»Sehr angenehm.«

»Ramirez Biancafalda.«

»Sehr erfreut. Dort ist die Bar. Möchten Sie Whisky oder lieber Tinte?«

»Danke, nur einen Mineralwasser-Cocktail.«

Adelaide Fastido bediente das Grammophon, und im »Saal der Klöpse« tanzten die Paare pausenlos.
Wie oft wurde an der Haustür geschellt? Dreißig-, vielleicht vierzigmal. Keiner erinnerte sich daran. Wie viele Personen kamen an jenem Abend, und wer waren sie? Keiner weiß es mehr. Neue Leute, unbekannte Gesichter. Um Mitternacht ging der reichliche Flaschenvorrat der Bar zur Neige. Wie hieß doch jener ältere Herr mit den weißen Haaren und dem gezwirbelten Schnurrbart? Der mit den kleinen kohlschwarzen Augen und dem blassen Gesicht?
Keinem fällt es mehr ein. Aber alle erinnern sich genau an seine Anwesenheit. Wann war er gekommen? Keiner weiß es. Wessen Freund war er? Wer hatte ihn in das Haus von Domingo Donez de Dentiz eingeladen?
Alles Fragen ohne Antwort.
Und doch kann sich jeder seiner gut entsinnen. Jedem haftet sein Bild noch klar im Gedächtnis, jeden hat sein stechender Blick getroffen.
Herzlich, heiter ausgelassen wie alle Gäste. Auch er trank wie die anderen, und selbst die stärksten Getränke konnten ihm nichts anhaben. Er aß die schärfsten Paprikaschoten, ohne daß ihm Tränen in die Augen traten. Das fiel auf, und viele machten scherzhafte Bemerkungen über diese seine außerordentliche Fähigkeit. Jemand meinte sogar, der Herr könne Federmesser und Rasierklingen ebenso ruhig

herunterschlucken wie ein gewöhnlicher Sterblicher Mayonnaise.
Dann fing der Buchhalter Bassopiano mit Gesellschaftsspielen an. Er war auf diesem Gebiet ein Spezialist, und alle Leute luden ihn eben wegen seines Talentes, Gesellschaftsspiele zu organisieren, zu ihren Festen ein. Buchhalter Bassopiano setzte die Gäste immer in Erstaunen. Er konnte Dinge wie kein anderer.
Domingo Donez de Dentiz hatte den Buchhalter gebeten, doch eines seiner Kunststücke zum besten zu geben. Alle klatschten begeistert Beifall. Der Buchhalter zierte sich erst, wie er es immer zu tun pflegte, gab dann aber dem allgemeinen Drängen nach.
Er wickelte eine Münze in sein Taschentuch und ließ sie verschwinden. Dann fand er sie im Ohr von Mathilde Fustagno wieder.
»Bravo«, lobte Mathilde Fustagno. »Aber ich möchte noch mehr Münzen in meinem Ohr finden. Ganz viele – nicht nur eine.«
»Bedaure«, sagte Buchhalter Bassopiano, »eine war verschwunden, eine fand ich wieder. Mehr kann ich nicht tun.«
In diesem Augenblick trat der Herr mit den schwarzen Augen und den weißen Haaren zu Mathilde Fustagno, hielt beide Hände wie eine Schale unter das Ohr der jungen Dame und fing darin einen wahren Regen von Goldstücken auf.

»Bitte«, sagte er und überreichte ihr die Münzen. »Sind Sie nun zufrieden?«
Mathilde Fustagno schaute ihn verblüfft an. Der Buchhalter Bassopiano riß die Augen auf, und alle Gäste blickten ungläubig drein.
Der Herr mit den schwarzen Augen lächelte und verbeugte sich.
»Ein kleiner Taschenspielertrick«, sagte er, »klein und bescheiden. Nichts Besonderes.«
Mathilde Fustagno ließ die Münzen hastig in ihrer Handtasche verschwinden.
»Ich möchte nicht, daß Sie sie mir wieder wegzaubern«, sagte sie.
»Keine Angst«, sagte der Schwarzäugige, »niemand wird daran rühren.«
»Sie sind fabelhaft«, sagte Buchhalter Bassopiano, »gegen Sie bin ich nur ein Stümper. Bitte, machen Sie uns doch noch ein Kunststück vor!«
»Wirklich –«, stammelte der Schwarzäugige, »ich wage es nicht. Mir scheint, Sie gelten hier als Berühmtheit. Alle erwarten von Ihnen etwas Besonderes, nicht von mir.«
»Mir wird das nie gelingen, was Sie bei Fräulein Fustagno vollbracht haben«, sagte der Buchhalter Bassopiano.
»Warum versuchen Sie's nicht?« fragte Domingo Donez de Dentiz.
Buchhalter Bassopiano zuckte die Achseln und hielt

die Hände wie eine Schale unter Mathilde Fustagnos Ohr. Doch nichts fiel heraus.
»Ich habe es ja gleich gesagt!« sagte Buchhalter Bassopiano enttäuscht.
Nur nicht den Mut verlieren!« sagte der Schwarzäugige. »Mit etwas gutem Willen wird es Ihnen auch gelingen. Warten Sie!«
Er zog ein großes weißes Taschentuch hervor, entfaltete es und verdeckte damit Bassopianos Hände und Mathildens Ohr.
Da blickte der Buchhalter verdutzt um sich, und alle begriffen, daß seine Hände sich mit etwas füllten. Der Schwarzäugige hob das Taschentuch, und der Buchhalter zeigte den Anwesenden seine Hände voller Goldstücke.
»Phantastisch«, sagte Mathilde Fustagno und griff nach ihrer Handtasche. »Ich weiß nicht, wie ich Ihnen danken soll.«
»Nicht doch«, wehrte Buchhalter Bassopiano ab, »ich habe nichts damit zu tun, sondern der Herr dort.« Mit einer Kopfbewegung bezeichnete er den Schwarzäugigen, und der Schwarzäugige lächelte.
»Es gehört nicht viel dazu«, sagte er. »Wenn die Herrschaften gestatten, werde ich noch ein anderes Kunststückchen vorführen.«
Alle klatschten glücklich und zufrieden Beifall.
Die Grammophonmusik verstummte, und die Gäste im anderen Saal hörten zu tanzen auf.

Alle eilten in den Salon. Wie viele waren dort? Vielleicht vierzig, vielleicht fünfzig.
Es war ein ständiges Kommen und Gehen. Freunde der Freunde von Domingo Donez de Dentiz' Freunden. Und außerdem ließen die Getränke die Zahl der Gäste doppelt, ja dreifach erscheinen. Aber an den Schwarzäugigen erinnern sich alle, wenn auch keiner ihn je zuvor gesehen hatte. Alle erinnern sich an das, was er getan hat.
Die Ausgelassenheit hatte ihren Höhepunkt erreicht, als der Schwarzäugige Domingo Donez de Dentiz hinter einem Tischtuch verbarg. Er zählte bis drei und riß dann rasch das Tuch weg.
Domingo Donez de Dentiz hatte sich verjüngt – mindestens um zwanzig Jahre. Er war nicht mehr der ältere Herr mit den grauen Schläfen und den etwas gebeugten Schultern, sondern ein hochgewachsener, schlanker junger Mann mit glänzend schwarzem Haar und elegant gestutztem Schnurrbart. Genau wie auf dem Bild über dem Kamin, dem Bild des dreißigjährigen lebensprühenden Domingo Donez de Dentiz, und er hatte genauso das Jagdgewehr geschultert, und zu seinen Füßen lag die noch leere Jagdtasche.
Der Beifall war ohrenbetäubend.
Domingo Donez de Dentiz warf sich stolz in die wieder jugendliche Brust.
»Phantastisch!« rief er. »Unglaublich! Ein wunder-

bares Gesellschaftsspiel! Ich bin tatsächlich wieder jung.«

Er betrachtete sich im Spiegel, strich sich über die Haare, seufzte tief.

»Ich fühle mich genau wie vor zwanzig Jahren«, sagte er. »Ihr Spiel hat mir ausgezeichnet gefallen.«

Der Schwarzäugige lächelte bescheiden.

»Spielereien«, sagte er. Die Gäste starrten sprachlos den Hausherrn an.

Da fiel Domingo Donez de Dentiz' Blick auf seinen Anzug. Er bat die Gäste um Entschuldigung.

»Ich werde mich umziehen«, sagte er, »es gehört sich nicht, daß ich meine Gäste im Jagdanzug empfange.«

Er legte das Gewehr ab und ging hinaus. Alle scharten sich neugierig um den Schwarzäugigen.

»Wie haben Sie das gemacht?« fragte der Buchhalter Bassopiano, der sich die Sache nicht erklären konnte. »Können Sie mir dieses Kunststück nicht auch beibringen?«

»Es ist nicht leicht«, sagte der Schwarzäugige.

»Und doch muß es ein Trick sein«, sagte jemand.

In diesem Augenblick kam Domingo Donez de Dentiz wieder in den Salon, ziemlich aufgeregt, in Hemdsärmeln und seine Hose mit beiden Händen festhaltend.

»Der Smoking ist mir viel zu weit«, sagte er verzweifelt, »er paßt mir nicht mehr.«

»Eins, zwei, drei«, sagte der Schwarzäugige und

machte eine Handbewegung. »Jetzt ist es in Ordnung.«
Domingo Donez de Dentiz ging hinaus und kehrte bald darauf zurück. Sein Abendanzug saß wie angegossen. »Wenn es den Herrschaften beliebt, fahre ich fort«, sagte der Schwarzäugige.
Alle umdrängten ihn nun, doch er verstand es, sich mit den Händen Platz zu verschaffen. Er schaute zu Esmeralda Adrianopolis de Guantis hinüber, einer alten adligen Dame, die in der ganzen Gegend wegen ihrer strengen Moral bekannt war. Sie rühmte sich, unter ihren Ahnen einen königlichen Minister, einen Kardinal und zwei Kreuzritter zu haben. Die alte Dame saß steif in ihrem Sessel, beobachtete seit Beginn des Festes das ausgelassene Treiben und schüttelte immer wieder mit gewohnter Herablassung den Kopf, zum Zeichen, daß sie das Benehmen der modernen Jugend mißbilligte. Nur hie und da erhob sie sich und begab sich zur Bar. Jemand hatte gesehen, wie sie verstohlen einmal ein Gläschen Wodka leerte, das andere Mal einen Cinzano.
Der Schwarzäugige hob das Tischtuch und entzog die alte Dame den Blicken der Anwesenden.
»Eins, zwei, drei«, sagte er schnell und warf das Tuch fort.
Ein allgemeiner Aufschrei maßlosen Erstaunens: die alte Dame war plötzlich wieder jung. Sie saß nicht mehr steif und kerzengerade im Sessel, sondern

balancierte auf seiner Rückenlehne. Sie trug ein kurzes Ballettröckchen aus Tüll, das zwei vollendet schöne Beine in schwarzen Strümpfen unbedeckt ließ. In der rechten Hand hielt sie ein aufgespanntes blaues Schirmchen, und mit der linken teilte sie Küsse nach allen Seiten aus.
Rasch und behende sprang Donna Esmeralda Adrianopolis de Guantis von der Sessellehne herunter, machte das Schirmchen zu und errötete heftig, als sie um sich blickte. Sie war um dreißig Jahre verjüngt und wieder in das zurückverwandelt worden, was sie vor dreißig Jahren gewesen war: eine einfache Varietétänzerin.
»Ich weiß nicht, ob ich mich freuen oder schämen soll«, stammelte sie verwirrt. »Einerseits freut es mich, daß Sie mich wieder verjüngt haben, aber andererseits … mein Ansehen … wie stehe ich da!«
»Phänomenal!« rief der Buchhalter Bassopiano. »Mir wäre ein solches Kunststück nie gelungen!«
»Nicht der Rede wert«, lächelte der Schwarzäugige.
Erst da begannen sich die Leute zu fragen, woher er kam, wer er war und wie er hieß.
Aber keiner wußte eine Antwort. Keiner hatte ihn je zuvor gesehen. Keiner wußte, wann und wie er hereingekommen war. In bester Laune machte Domingo Donez de Dentiz den jungen Damen den Hof, während Donna Esmeralda versuchte, sich eine Haltung zu geben. Sie warf ihren Pelz um die Schultern

und bemühte sich, ihre schönen schwarzbestrumpften Beine zu bedecken.
Mathilde Fustagno hielt dem Schwarzäugigen immer noch ihr Ohr hin, und weitere Goldstücke gesellten sich zu den anderen in ihrer Handtasche.
Um vier Uhr morgens zeigte der Schwarzäugige immer noch sein freundliches Lächeln, und die ob des wunderbaren Abends glücklichen und zufriedenen Gäste dachten daran, sich zu verabschieden.
Die einen hatten eine prall gefüllte Brieftasche, andere ein Auto vor der Tür und wieder andere ein Landhaus. Der Schwarzäugige hatte unablässig gearbeitet und bereitwillig allen Bitten der von seiner außergewöhnlichen Kunst begeisterten Gäste entsprochen.
»Jetzt ist's genug«, sagte er schließlich, »ich glaube, daß ich die Wünsche aller Anwesenden erfüllt habe. Oder möchte jemand noch irgend etwas?«
»Eine Ölquelle«, sagte Buchhalter Bassopiano, »ganz für mich allein.«
Ein letztes Mal willigte der Schwarzäugige ein. Er führte den Buchhalter ans Fenster und deutete zum Horizont. Hinter den Dächern der Häuser ragte die Spitze eines Bohrturms empor, und darauf leuchtete in Neonschrift: *Bassopiano-Petroleum*.
»Und jetzt«, sagte der Schwarzäugige, die Hand ausstreckend, »darf ich um Ihre Seele bitten.«
Alle schauten ihn entgeistert an.

»Ja«, wiederholte der Schwarzäugige, »Ihre Seele. Jeder arbeitet für etwas. Ich natürlich auch. Ich habe Ihnen alles verschafft, was Sie sich wünschten. Jetzt heißt es bezahlen!«
»Die Seele?« riefen die Gäste schaudernd.
Der Schwarzäugige schaute sich um und wartete mit ausgestreckter Hand. Keiner rührte sich, keiner sagte ein Wort. »Keiner?« fragte der Schwarzäugige. »Also war alles nur ein Scherz.«
Er machte eine Bewegung mit der rechten Hand, verbeugte sich, schritt zur Tür und verschwand.
Buchhalter Bassopiano stürzte ans Fenster. Der Bohrturm mit der Aufschrift *»Bassopiano-Petroleum«* war verschwunden. Mathilde Fustagno kramte in ihrer Handtasche: sie war leer. Zerronnen waren Villen und Autos.
Peinlich berührt und ernüchtert gingen die Gäste nach Hause. Domingo Donez de Dentiz verabschiedete sie auf der Schwelle. Er war wieder alt geworden und hatte graue Schläfen und gebeugte Schultern wie zuvor. Er fühlte sich unbehaglich in dem zu engen Abendanzug, und der Hemdkragen schnürte ihm die Kehle zu.
Donna Adrianopolis de Guantis saß steif und kerzengerade in ihrem Sessel und hatte noch das kurze Röckchen von vor dreißig Jahren an. Ihre dürren Beine steckten in schwarzen Strümpfen.
Schamroten Gesichtes sah sie den letzten Gast den

Salon verlassen. Dann zerbrach sie wütend das blaue Sonnenschirmchen.

»Lächerliche Gesellschaftsspiele«, sagte sie.

Man kann nie so kompliziert denken,
wie es plötzlich kommt.

WILLY BRANDT

Theodor Storm

Wenn die Äpfel reif sind

Es war mitten in der Nacht. Hinter den Linden, die längs dem Plankenzaun des Gartens standen, kam eben der Mond herauf und leuchtete durch die Spitzen der Obstbäume und drüben auf die Hinterwand des Hauses, bis hinunter auf den schmalen Steinhof, der durch ein Staket von dem Garten getrennt war; die weißen Vorhänge hinter dem niedrigen Fensterchen waren ganz von seinem Licht beschienen. Mitunter war's, als griffe eine kleine Hand hindurch und zöge sie heimlich auseinander; einmal sogar lehnte die Gestalt eines Mädchens an die Fensterbank. Sie hatte ein weißes Tüchlein unters Kinn geknotet und hielt eine kleine Damenuhr gegen das Mondlicht, auf der sie das Rücken des Weisers aufmerksam zu betrachten schien. Draußen vom Kirchturm schlug es eben drei Viertel.

Unten zwischen den Büschen des Gartens auf den Steigen und Rasenplätzen war es dunkel und still; nur der Marder, der in den Zwetschen saß, schmatzte bei seiner Mahlzeit und kratzte mit den Klauen in die Baumrinde. Plötzlich hob er die Schnauze. Er rutschte etwas draußen an der Planke; ein dicker Kopf guckte herüber. Der Marder sprang mit einem Satz zu Boden und verschwand zwischen den Häusern; von drüben aber kletterte ein untersetzter Junge langsam in den Garten hinab.

Dem Zwetschenbaum gegenüber, unweit der Planke, stand ein nicht gar hoher Augustapfelbaum; die Äpfel waren grade reif, die Zweige brechend voll. Der Junge mußte ihn schon kennen; denn er grinste und nickte ihm zu, während er auf den Fußspitzen an allen Seiten um ihn herumging; dann, nachdem er einige Augenblicke stillgestanden und gelauscht hatte, band er sich einen großen Sack vom Leibe und fing bedächtig an zu klettern. Bald knickte es droben zwischen den Zweigen, und die Äpfel fielen in den Sack, einer um den andern in kurzen regelrechten Pausen.

Dazwischen drein geschah es, daß ein Apfel nebenbei zur Erde fiel und ein paar Schritte weiter ins Gebüsch rollte, wo ganz versteckt eine Bank vor einem steinernen Gartentischchen stand. An diesem Tische aber – und das hatte der Junge nicht bedacht – saß ein junger Mann mit aufgestütztem Arm und gänzlich regungslos. Als der Apfel seine Füße berührte, sprang er erschrocken auf; einen Augenblick später trat er vorsichtig auf den Steig hinaus. Da sah er droben, wohin der Mond schien, einen Zweig mit roten Äpfeln unmerklich erst und bald immer heftiger hin und

her schaukeln; eine Hand fuhr in den Mondschein hinauf und verschwand gleich darauf wieder samt einem Apfel in den tiefen Schatten der Blätter.
Der Untenstehende schlich sich leise unter den Baum und gewahrte nun endlich auch den Jungen wie eine große schwarze Raupe um den Stamm herumhängen. Ob er ein Jäger war, ist seines kleinen Schnurrbartes und seines ausgeschweiften Jagdrocks unerachtet schwer zu sagen; in diesem Augenblicke aber mußte ihn so etwas wie ein Jagdfieber überkommen; denn atemlos, als habe er die halbe Nacht hier nur gewartet, um die Jungen in den Apfelbäumen zu fangen, griff er durch die Zweige und legte leise, aber fest seine Hand um den Stiefel, welcher wehrlos an dem Stamme herunterhing. Der Stiefel zuckte, das Apfelpflücken droben hörte auf; aber kein Wort wurde gewechselt. Der Junge zog, der Jäger faßte nach; so ging es eine ganze Weile; endlich legte der Junge sich aufs Bitten.
»Lieber Herr!«
»Spitzbube!«
»Den ganzen Sommer haben sie über den Zaun geguckt!«
»Wart nur, ich werde dir einen Denkzettel machen!« Und dabei griff er in die Höhe und packte den Jungen in den Hosenspiegel. »Was das für derbes Zeug ist!« sagte er.
»Manchester, lieber Herr!«

Der Jäger zog ein Messer aus der Tasche und suchte mit der freien Hand die Klinge aufzumachen. Als der Junge das Einschnappen der Feder hörte, machte er Anstalten, hinabzuklettern. Allein der andere wehrte ihm. »Bleib nur«, sagte er, »du hängst mir eben recht!«
Der Junge schien gänzlich wie verlesen. »Herrjemine!« sagte er. »Es sind des Meisters seine! – Haben Sie denn gar kein Stöckchen, lieber Herr? Sie könnten es mit mir alleine abmachen! Es ist mehr Pläsier dabei; es ist eine Motion; der Meister sagt, es ist so gut wie Spazierenreiten!«
Allein – der Jäger schnitt. Der Junge, als er das kalte Messer so dicht an seinem Fleisch heruntergleiten fühlte, ließ den vollen Sack zur Erde fallen; der andere aber steckte den ausgeschnittenen Flecken sorgfältig in die Westentasche. »Nun kannst du allenfalls herunterkommen!« sagte er.
Er erhielt keine Antwort. Ein Augenblick nach dem andern verging; aber der Junge kam nicht. Von seiner Höhe aus hatte er plötzlich, während ihm von unten her das Leid geschah, im Hause drüben das schmale Fensterchen sich öffnen sehen. Ein kleiner Fuß streckte sich heraus – der Junge sah den weißen Strumpf im Mondschein leuchten –, und bald stand ein vollständiges Mädchen draußen auf dem Steinhof. Ein Weilchen hielt sie mit der Hand den offenen Fensterflügel; dann ging sie langsam an das Pfört-

chen des Staketenzaunes und lehnte sich mit halbem Leibe in den dunklen Garten hinaus.
Der Junge renkte sich fast den Hals aus, um das alles zu betrachten. Dabei schienen ihm allerlei Gedanken zu kommen; denn er verzog den Mund bis an die Ohren und stellte sich breitspurig auf zwei gegenüberstehende Äste, während er mit der einen Hand das geschädigte Kleidungsstück zusammenhielt.
»Nun, wird's bald?« fragte der andere.
»Es wird schon«, sagte der Junge.
»So komm herunter!«
»Es ist nur«, erwiderte der Junge und biß in einen Apfel, daß der Jäger es unten knirschen hörte, »es ist nur, daß ich just ein Schuster bin!«
»Was denn, wenn du kein Schuster wärst?«
»Wenn ich ein Schneider wäre, würde ich mir das Loch von selber flicken.« Und er fuhr fort, seinen Apfel zu verspeisen.
Der junge Mann suchte in seiner Tasche nach kleiner Münze, aber er fand nur einen harten Doppeltaler. Schon wollte er die Hand zurückziehen, als er von unten her ganz deutlich ein Klinken an der Gartentür vernahm. Auf dem Kirchturm drüben schlug es eben zwölf. – Er fuhr zusammen. »Dummkopf!« murmelte er und schlug sich vor die Stirn. Dann griff er wieder in die Tasche und sagte sanft: »Du bist wohl armer Leute Kind?«

»Sie wissen schon«, sagte der Junge, »'s wird alles sauer verdient.«
»So fang und laß dir flicken!« Damit warf er das Geldstück zu ihm hinauf. Der Junge griff zu, wandte es prüfend im Mondschein hin und wider und schob es schmunzelnd in die Tasche.
Draußen auf dem langen Steige, an dem der Apfelbaum in den Rabatten stand, wurden kleine Schritte vernehmlich und das Rauschen eines Kleides auf dem Sande. Der Jäger biß sich in die Lippen; er wollte den Jungen mit Gewalt herunterreißen; der aber zog sorgsam die Beine in die Höhe, eins ums andere; es war vergebene Mühe. »Hörst du nicht?« sagte er keuchend. »Du kannst nun gehen!«
»Freilich«, sagte der Junge, »wenn ich den Sack nur hätte!«
»Den Sack?«
»Er ist mir da vorher hinabgefallen.«
»Was geht das mich an?«
»Nun, lieber Herr, Sie stehen just da unten!«
Der andere bückte sich nach dem Sack, hob ihn ein Stück vom Boden und ließ ihn wieder fallen.
»Werfen Sie dreist zu!« sagte der Junge, »ich werde schon fangen.«
Der Jäger tat einen verzweifelten Blick in den Baum hinauf, wo die dunkle, untersetzte Gestalt zwischen den Zweigen stand, sperrbeinig und bewegungslos. Als aber draußen die kleinen Schritte in kurzen Pau-

sen immer näher kamen, trat er hastig auf den Steig hinaus.
Ehe er sich's versah, hing ein Mädchen an seinem Halse.
»Heinrich!«
»Um Gottes willen!« Er hielt ihr den Mund zu und zeigte in den Baum hinauf. Sie sah ihn mit verdutzten Augen an; aber er achtete nicht darauf, sondern schob sie mit beiden Händen ins Gebüsch.
»Junge, vermaledeiter! – Aber daß du mir nicht wiederkommst!« Und er erwischte den schweren Sack am Boden und hob ihn ächzend in den Baum hinauf.
»Ja, ja!« sagte der Junge, indem er dem andern behutsam seine Bürde aus den Händen nahm, »das sind von den roten, die fallen ins Gewicht!« Hierauf zog er ein Endchen Bindfaden aus der Tasche und schnürte es eine Spanne oberhalb der Äpfel um den Sack, während er mit den Zähnen die Zipfel desselben angezogen hielt; dann lud er ihn auf seine Schulter, sorgsam und regelrecht, so daß die Last gleichmäßig auf Brust und Rücken verteilt wurde. Als dieses Geschäft zu seiner Zufriedenheit beendet war, faßte er einen ihm zu Häupten ragenden Ast und schüttelte ihn mit beiden Fäusten. »Diebe in den Äpfeln!« schrie er, und nach allen Seiten hin prasselten die reifen Früchte durch die Zweige.
Unter ihm rauschte es in den Büschen, eine Mädchenstimme kreischte, die Gartenpforte klirrte, und

als der Junge noch einmal den Hals ausreckte, sah er soeben das kleine Fenster wieder zuklappen und den weißen Strumpf darin verschwinden.
Einen Augenblick später saß er rittlings auf der Gartenplanke und lugte den Weg entlang, wo sein neuer Bekannter mit langen Beinen in den Mondschein hinauslief. Dabei griff er in die Tasche, befingerte seine Silbermünze und lachte so ingrimmig in sich hinein, daß ihm die Äpfel auf dem Buckel tanzten. Endlich, als schon die ganze Hausgenossenschaft mit Stöcken und Laternen im Garten umherrannte, ließ er sich lautlos an der andern Seite hinuntergleiten und schlenderte über den Weg in den Nachbarsgarten, allwo er zu Haus war.

Es ist schwierig, Menschen hinters Licht zu führen, sobald es ihnen aufgegangen ist.

ALFRED POLGAR

Die Geschichten dieses Bandes sind folgenden Büchern entnommen:

Barbara Noack, *Die Hochzeitsreise*, aus *Die schönsten Geschichten,* Langen Müller Verlag

Herbert Rosendorfer, *Winterliches Choas*, aus *Autobiographisches*, nymphenburger Verlag

Ephraim Kishon, *Lungenentzündung ist die Lösung*, ins Deutsche übertragen von Friedrich Torberg, aus *Eintagsfliegen leben länger*, Langen Müller Verlag

Fritz von Herzmanovsky-Orlando, *Das Familienbild*, aus *Das Gesamtwerk*, Langen Müller Verlag

Karl May, *Zum ersten Mal an Bord*, aus *Beste Abenteuergeschichten*, Langen Müller Verlag

Helga Leeb, *Jonathan weiß alles*, aus *Die Geschichte mit Jonathan*, Langen Müller Verlag

Wener Finck, *Ich bin ein Görlitzer*, aus *Das Beste von Werner Finck*, Herbig Verlag

Gabriel Laub, *Leicht leichter werden*, aus *Unordnung ist das ganze Leben*, Langen Müller Verlag

Gustav Meyrink, *Izzi Pizzi*, aus *Des deutschen Spießers Wunderhorn*, Langen Müller Verlag

Hugo Wiener, *Meine Frau bewahrt ein Geheimnis*, aus *Heiterkeit auf Lebenszeit*, Amalthea Verlag

Elisabeth Castonier, *Nora*, Herbig Verlag

Jack London, *Aloha Oe*, aus *Die glücklichen Inseln*, Universitas Verlag

Friedrich Torberg, *Im Restaurant Neugröschl*, aus *Die Tante Jolesch*, Langen Müller Verlag

Carlo Manzoni, *Gesellschaftsspiele*, ins Deutsche übertragen von Maria Kern, Herberth und Marlys Herlitschka und Johannes Piron, aus *Signor Veneranda*, Langen Müller Verlag

Theodor Storm, *Wenn die Äpfel reif sind*, aus *Gesammelte Werke*, nymphenburger Verlag